좋은 생각만 하기

좋은 생각만 하기

행복으로 가는 첫 번째 관문

초 판 1쇄 2024년 03월 08일

지은이 홍석부
펴낸이 류종렬

펴낸곳 미다스북스
본부장 임종익
편집장 이다경
책임진행 김가영, 윤가희, 이예나, 안채원, 김요섭, 임인영, 권유정

등록 2001년 3월 21일 제2001-000040호
주소 서울시 마포구 양화로 133 서교타워 711호
전화 02) 322-7802~3
팩스 02) 6007-1845
블로그 http://blog.naver.com/midasbooks
전자주소 midasbooks@hanmail.net
페이스북 https://www.facebook.com/midasbooks425
인스타그램 https://www.instagram/midasbooks

ⓒ 홍석부, 미다스북스 2024, *Printed in Korea*.

ISBN 979-11-6910-543-9 03190

값 17,500원

미다스북스는 다음세대에게 필요한 지혜와 교양을 생각합니다.

행복으로 가는 첫 번째 관문

좋은 생각만 하기

홍석부 지음

미다스북스

노력 없이도 '잘' 살고 있다고
착각한 사람의 이야기

"책을 왜 읽어야 하죠? 책에는 도무지 손이 가지 않아요. 저는 아무것
도 하고 싶지 않아요. 자고 싶고 맛있는 음식 먹고, 누워서 유튜브 또는
넷플릭스 보는 게 낙이에요."

"성공하고 싶지 않으세요?"

"성공하는 사람, 부럽죠. 경제적 자유를 얻으면 세상 바랄 게 없을 거
예요. 하지만 너무 먼 이야기 같아요. 무엇보다 저는 당장의 편안함이 좋
다고요."

MZ세대로 불리는 우리는 기성세대가 겪었던 가난함과는 거리가 멀
다. 맨땅에 헤딩하며 치열하게 살았던 그들과 달리 원하는 것이 있으면
쉽게 얻을 수 있었기 때문이다. 정확히 말하면 부모님 돈이지만 말이다.

내가 고등학생 때는 50만 원이 넘는 노스페이스 패딩이 유행이었다. 결코 적은 돈이 아님에도 불구하고 주변을 둘러보면 친구들 대부분이 그 옷을 입고 있었다. 내 자식이 기죽지 않게끔 무리해서라도 사 준 부모님 덕분이다. 지금 나보다도 어린 친구들은 돈을 벌지 않는데 대부분 아이폰을 쓴다. 200만 원에 가까운 그 비싼 기계를 말이다. 이렇듯 우리는 부모에게 비싼 물건을 당연시 받아 왔다. 힘들게 번 돈으로 사지 않았다. 그래서인지 힘든 일을 하기 싫어한다. 어떻게 하면 편하게 일하며 많은 돈을 벌까 생각한다. 회사를 이직하는 조건 중 가장 중요한 항목은 연봉이다. 친구들을 만나서 이야기해 보면 어떤 친구가 제일 부러운지 아는가? 돈 많이 버는 친구다. 하지만 부러울 뿐 부자가 되기 위한 어떤 노력도 하지 않는다. 스마트폰이 생기기 이전 시대에는 지하철을 타면 책을 읽는 사람들이 꽤 있었다. 당시에는 너무나 당연한 풍경이었다. 그래서 별 감흥이 없었다. 지금은 어떨까. 말하지 않아도 여러분이 아시는 그대로다. 한 번은 지하철을 타는데 20대로 보이는 젊은 남자가 책을 읽고 있었다. 낯선 풍경이기에 어떤 책인가 몰래 보았다. 시사 상식과 관련된 책이었다. 내 생각이지만 그 사람은 면접을 위해서 어쩔 수 없이 책을 읽었던 것이 아니었을까.

시간이 지날수록 책 읽는 사람은 줄어들고 편안한 것을 찾는 사람이 많아진다. 그 말을 반대로 하면 책을 읽는 것만으로도 경쟁력이 생기고,

조금 불편한 일을 찾아서 하면 과거보다 더 성공에 쉽게 다가갈 수 있다는 말이기도 하다. 경쟁자가 줄었으니 말이다. 하지만 우리는 알면서 실천하지 못하는 것들이 많다. 왜 그럴까. 지금까지 해 왔던 대로 살아가도 크게 불편함이 없기 때문이다. 만약 '책을 하루에 10분 이상 읽지 않으면 한 달 월급이 들어오지 않는다'는 규칙이 있다면 어떨까. 생활하는 데 지장이 생기기 때문에 독서를 하게 된다. 사람은 이득보다는 손해에 더욱 민감하다. 심리학적 용어로 이를 '손실 회피 편향'이라고 한다. 책으로 얻을 수 있는 이점에 대해서는 평소에 크게 생각하지 않는다. 그렇다면 책을 읽으면 무엇이 좋을까?

나는 이렇게 대답하고 싶다.

"지금보다 더 나은 삶을 살아가기 위해서다."

읽지 않으면 생각하지 않고 생각하지 않으면 1년 전 나와 현재의 나는 별반 차이가 없을 것이다. 차이가 있다면 조금 노화된 외모다. 책 안에는 작가의 이야기와 생각이 담겨 있다. 그것은 한 번쯤 당신이 경험해 보거나 경험하게 될 수도 있는 이야기다. 학창 시절 우리가 예습 복습을 했던 이유는 같은 문제를 반복해서 풀다 보면 위기의 순간에도 현명하게 대처할 수가 있기 때문이었다. 책도 마찬가지 아닐까. 나는 글을 쓰기 위해서 평생 읽었던 책보다 더 많은 책을 읽었다. '돈'이 최고라고 생각했지만 그걸 넘어서는 가치도 많이 존재한다는 사실을 알게 됐다.

친구 중 한 놈이 입에 달고 사는 말이 있다. "내가 조금만 더 돈이 많았다면 이러이러했을 텐데."

정말 행복의 척도가 돈일까? 우리가 잊고 지냈던 소중한 가치는 어떤 것들이 있었을까. 이 책은 시중에서 많이 팔리는 베스트셀러처럼 돈을 버는 방법에 대해서 말하지도 않고, 빚쟁이가 억만장자가 된 이야기도 아니다. 잘난 것 하나 없는 당신과 똑같은 평범한 사람이 이런 좋은 내용을 당신도 알고 있으면 좋겠다 해서 쓴 책이다.

한 번은 친구들과 같이 펜션에서 진지한 대화를 한 적이 있다. 술을 많이 먹은 탓인지 친구들이 속마음을 이야기하는데 결국 하나였다.

"너 덕분에 나도 많이 바뀌었다."

추운 겨울임에도 불구하고 몸이 뜨거워졌다. 이름도 얼굴도 모르는 당신이 들어가는 글을 읽어 주는 것만으로도 감사하다. 가식 다 벗어던지고 솔직하게 쓴 글이다. 게으르게, '잘' 살고 있다고 착각한 내 이야기가 당신에게 도움이 되었으면 좋겠다.

차례

당장만 생각한다면   **1장**

세상 부러울 것 없습니다　　　**4장**

초긍정 마인드　　　　　　　　　　5장

평범하게 행복한 것이 제일입니다

1장

당장만
생각한다면

1

멍청함이 주는 교훈

　바보 비용, 멍청 비용이라는 말이 있다. 들어 본 적이 없어도 무슨 말인지 알 것이다. 네이버 사전에 검색해 봤다. 멍청 비용, 조금만 주의했으면 쓰지 않았을 비용을 가리키는 신조어이다. 이 글을 읽는 여러분도 멍청 비용을 지불한 경험이 있을 것이다. 퇴근하고 집에 왔다. 오늘은 유치원 체육 수업이 많은 날이라 아무것도 하고 싶지 않았다. 하지만 운동하지 않으면 기껏 만들어 놓은 근육이 없어질까 염려되어 헬스장을 갔다. 헬스장 트레이너 말로는 사람마다 차이는 있지만 한 달 이후부터 근육이 빠지기 시작한다고 한다. 월요일은 헬스장에 사람들이 유난히 많다. 한 주를 멋지게 살기 위해서일까. 아니면 주말에 쉬었기 때문에 '근손실'이 걱정이 되었던 걸까. 어떤 이유든 열심히 사는 헬스인들을 보며 동기부여 된다. 이런 이유로, 나는 집에서 운동하는 것보다 헬스장 가는 것이 좋다.

헬스장에 있는 운동복으로 갈아입고 벤치프레스를 하러 간다. 벤치프레스는 누워서 바벨을 드는 가슴 운동이다. 나는 모든 부위 운동 중에 이 운동을 가장 좋아한다. 이유는 특별하지 않다. 누워서 하기 때문이다. 몇 번 들지 않았는데 땀이 나기 시작한다. 펌핑이 된 근육들을 보며 괜히 거울 앞에서 힘을 줘 본다. 아무리 봐도 멋있어 보인다. 혼자 보기 아깝다. 핸드폰 카메라를 켜고 사진을 찍는다. 친구들에게 보내 줘야지. 그런데 이상하다. 내 눈에는 정말 커 보였던 근육이 사진에서는 작고 귀엽기만 하다. 사진 탓을 하며 지워 버린다. 자기 객관화, 쉽지 않다.

옷을 갈아입으려고 보니 내 사물함 열쇠가 보이지 않는다. 카운터에 갔다. 직원에게 분실물 중에 열쇠가 들어왔는지 물어본다. 없다고 한다. 내가 했던 운동을 하나하나 떠올려 본다. 열쇠를 분실하면 그에 대한 책임으로 5만 원을 헬스장에 물어줘야 한다. 운동 한 번 하고 내기엔 너무 큰 비용 아닌가. 운동 중인 사람들에게 양해를 구하며 헬스장을 샅샅이 뒤져 본다. 내가 운동했던 곳을 다 가 봤지만 보이지 않는다. 도대체 어디로 간 것일까. 누가 훔쳐 간 것은 아닐까. 내 사물함을 열어 소지품 중 지갑만 들고 가는 것 아닐까. 지갑에 현금이 얼마나 있었더라. 급하게 샤워실로 뛰어와 본다. 아무도 나를 신경 쓰지 않는다. 오만가지 생각이 든다. 다시 올라와서 찾아본다. 보이지 않는다. 그렇게 포기하려고 할 때쯤 벤치프레스 운동을 했던 장소에서 기구 밑에 떨어진 열쇠가 보인다. 왜 아까는 보지 못했을까. 조급했고 초조했기 때문이다.

"소 잃고 외양간 고친다."

한 번 소를 잃어 본 사람은 앞으로 미리 외양간을 고쳐 놓을 것이다. 실패를 통해 학습된 것은 오래 기억된다. 나는 그 이후로 사물함 열쇠를 잃어버린 적이 없다.

열쇠를 찾았으니 되려 5만 원을 번 기분이다. 콧노래가 절로 나온다. 사람의 감정이 이렇게 쉽게 변해도 되는 걸까. 집에 돌아와서 아낀 돈으로 회를 시킨다. 회는 열량이 낮고 단백질은 많아서 근육을 만들려고 하는 사람들에게 좋다. 사실, 저런 명분 외에도 나는 단순히 맛있어서 좋아하는 것일지도 모르겠다. 게임도 한판 했다. 밖을 보니 어둡다. 시간을 확인하니 12시다. 침대에 누워 내일 수업을 생각하다 불현듯 회사에 두고 온 체육 기구가 떠올랐다. 만약 내일 수업 직전에 발견했다면 어땠을까. 상상만 해도 끔찍하다. 왜 놓고 왔을까. 곰곰이 생각한다. 회사에서 문서 작성을 하고 있었다. 문서 작성을 끝마치지 못했는데 창고부터 정리하라고 한다. 시킨 일을 하고 정신없이 문서 작업을 끝냈다. 퇴근 시간이다. 빨리 가고 싶어서 급하게 나왔다. 내가 살고 있던 집은 동대구역이었고 회사는 경산에 위치한 압량읍이다. 운전해서 가도 40분 이상 걸리는 거리다. 자동차 키를 챙겼다.

도로에는 차들이 꽤 돌아다녔다. 저 차를 운전하는 운전자들은 이 늦은 시간 어디를 가려고 하는 것일까. 나처럼 멍청 비용을 지불하고 있는 것일까. 판넬로 만들어진 창고 주변에는 가로등 하나 없다. 자동차의 라이트에 의존해 천천히 차를 몰았다. 어두운 밤길을 운전하니 시 한 편이 생각났다. 빛이 아름다운 이유는 어둠이 있기 때문이다. 어둠이 없다면 빛은 빛날 수가 없으리라. 노래를 듣는데 갑자기 머리에 박힌 구절이 있다. 땅이 있는 만큼 하늘이 있듯이 슬픔이 있는 만큼 기쁨도 있지. 하늘이 있는 만큼 땅이 있다는 사실은 당연한 이야기다. 오늘따라 그 표현이 신선하다. 슬픔이 있는 만큼 기쁨이 있다는 것은 슬픔도 지나가고 기쁨도 지나가니 일어나는 일 하나하나에 일희일비할 필요가 없다고 내게 말해 주는 것 같았다. 캄캄한 창고에 라이트를 비추고 자물쇠를 풀어 문을 열었다. 문이 열렸다. 영화의 한 장면 같다. 내 뒤로 빛이 비치고 그 안에 혼자 있는 나. 창고 불을 켰다. 내가 두고 온 기구가 보인다. 기구를 차 트렁크에 실었다. 새벽 공기가 선선하다. 시골 깜깜한 밤하늘엔 별들이 보인다. 이번엔 급하게 집에 가지 않고 아주 잠깐의 여유를 즐긴 후 차를 탔다.

집에 도착하니 1시가 훌쩍 넘은 시간이었다. 많은 일이 있었다. 10회의 체육 수업과 헬스장에서 사물함 열쇠 분실, 회사에 기구를 놓고 온 것까지. 멍청 비용은 지불해야 한다. 그 비용은 경제적, 시간적, 감정적 비용이며 그 비용의 대가가 클 수도 있고 작을 수도 있다. 비용을 내고 할 수 있는 선택지는 두 가지다. 첫 번째 선택지는 멍청하다고 자책하며 과거를 후회하는 것이다. 내 경우 그 비용이 클수록 첫 번째 선택을 했다. 두 번째 선택지는 실수에서 배웠다고 생각하고 더 나은 미래를 준비하는 것이다. 신기한 것은 실수 속에서도 행복을 느낄 수 있다. 실수 속에는 배움이 있고 배움은 나를 더 발전시켜 줄 것이기 때문이다. 즉, 발전하고 성장하고자 했던 내 욕구가 실패를 통해 충족됐다. 어릴 적 읽었던 문구 중에 아직도 기억에 남는 말이 있다. 행복을 추구하다 보면 결핍이 생긴다. 그 결핍은 결국 우리를 불행하게 만든다. 행복은 추구하는 것이 아니라 발견하는 것이다. '그 사실'을 책을 읽는 독자도 함께 알았으면 한다.

2

생각하지 못했던 게으름의 대가

알람이 울렸다. 몸이 무겁다. 어제 늦게 자서일까. 세상에서 가장 무거운 것이 있다면 아마 눈꺼풀이 아닐까 싶다. 일어나고 싶지 않다. 오른손으로 휴대 전화를 집어 들었다. 반쯤 감긴 눈으로 알람을 10분 뒤로 맞췄다. 다시 눈을 감는다. 10분은 순식간이었다. '10분만 더'라는 습관이 삶을 망친다는 걸 뻔히 알면서도 나는 또 악습에 지고 말았다. 10분씩 두번이 울린 후에나 결국 일어났다. 게으름의 대가로 정신없이 준비한다. 어젯밤 게임을 하며 먹은 과자 봉지를 버리려고 베란다로 나간다. 게임을 했다는 사실도, 과자를 먹었다는 사실도, 빈 봉지를 그냥 두고 잤다는 사실도 이 모든 것이 지금의 내 모습을 반영하는 것 같아 씁쓸하다. 강아지 콩이가 베란다에 똥을 싸 놨다. '치워야지' 생각만 할 뿐 행동하지 않는다. 지각할 것 같아서다. 나가기 전 부엌을 본다. 싱크대 옆에 어머니가 만드신 장조림 주먹밥이 접시에 놓여 있다. 그 옆에는 총각김치와 나무젓가락도 꺼내져 있다. 게으른 아들이 오늘도 밥을 먹지 않고 갈까 싶어 걱정하는 어머니의 배려였다. 음식을 챙긴다. 어머니는 항상 아침밥을 챙겨 주셨지만 나는 먹기 싫어했다. 이유는 간단하다. 아침에는 입맛도 없거니와 그 시간에 더 자는 게 좋기 때문이다. 성인이 돼서도 변함은 없다. 달라진 것이 하나 있다면 어머니가 잔소리를 안 한다. 대신 조용히 주먹밥이나 유부초밥 같은 것을 준비해 주셨다. 운전 중 신호가 걸리면 편하게 입에 넣을 수 있는 음식이기 때문일 것이다. 부모가 되어 보진 않았다. 하지만 이것이 부모 마음이겠구나 생각하는 요즘이다.

빠르게 신발을 신고 1층으로 내려간다.

"(똑똑똑) 다녀오겠습니다."

얼굴 하나 들어갈 만큼만 미닫이문을 열고 어머니께 인사를 드린다. 책상 위에는 종이가 책상을 다 뒤덮을 만큼 펼쳐져 있고 컴퓨터에는 피피티 화면이 틀어져 있다. 강의 준비를 하시는 것 같다. 일에 열중하느라 대충 인사하실 법도 한데 웃으며 반갑게 다녀오라고 하신다. 오늘따라 웃는 어머니의 모습이 이쁘다. 문을 닫으려는데 어머니의 목소리가 들린다.

"아들, 주먹밥 챙겨서 가고 있지?"

차에서 목적지를 한 번 더 확인한다. 보통 직장인은 목적지를 확인할 필요가 없다. 늘 같은 회사로 출근하기 때문이다. 하지만 나는 체육 교사이다. 하나의 유치원에 속해 있는 것이 아니라 일주일 동안 다른 유치원과 어린이집을 방문한다. 즉 출근해야 하는 목적지가 월요일부터 금요일까지 다르다. 화요일이니까 칠곡에 있는 리앙스어린이집, 즐거운i어린이집 그리고 미래유치원에 수업이 있다.

내비게이션의 도착 예정 시간을 확인한다. 빠듯하다. 액셀을 밟는다. 속도는 점점 빨라진다. 100m 앞 사거리에 있는 신호는 유난히 길다. 직전 신호를 받고 빠르게 가야만 아슬하게 통과할 수 있다. 전방에 보이는 SM5가 세상 느리게 간다. 옆 차선에는 차가 불법 주차되어 있어서 추월할 수도 없다. 대체 이 아침에 왜 이렇게 여유로운 걸까. 나는 운전하면서는 불만이 자주 생긴다. 빠르고 급하게 차선을 변경하는 차를 보면 위험하다고 뭐라 하고 천천히 가면 답답하다고 뭐라 하고. 조금 더 자고 싶다는 게으름을 부리지 않았다면 여유로웠을 텐데. 항상 서둘러 운전하다 보니 겨울철 빙판길에서 접촉 사고가 났다. 초록불에서 주황불이 되었고 빨간불로 바뀌기 전에 횡단보도를 통과하고 싶었다. 늦게 나왔기 때문이다. 그런데, 앞에 가던 경차가 정지선을 지나서 쭉 가는가 싶더니 예상하지 못하게 급정거했다. 급하게 브레이크를 끝까지 눌러 밟았지만 내 차는 멈추지 않았고 그대로 미끄러져 앞에 정차한 차와 부딪혔다. 경차 차주가 원망스러웠다.

'정지선을 지났으면 끝까지 가야지 갑자기 횡단보도 바로 앞에서 차를

세우면 난 어떻게 하라고.'

'남 탓'을 먼저 했다. 아버지 나이대로 보이는 아저씨가 운전석에서 내렸다. 차 안을 보니 조수석에는 아줌마가 앉아 계셨다. 죄송하다고 사과했다. 다행히 크게 다치진 않아 보였다. 내 차를 보니 번호판이 살짝 찌그러진 것 말고는 괜찮아 보였다. 앞에 모닝 차는 뒤쪽 범퍼가 들어갔다. 회사 대표에게 전화를 걸어 상황을 말했다. 보험사에도 전화를 걸었다. 결국, 첫 번째 수업 장소에 가지 못했다. 보험사에서 직원이 나오고 경찰이 온 뒤에 어느 정도 상황이 정리됐다. 운전을 해서 두 번째 원에 도착했다. 크게 사고가 난 것이 아니라 남은 일정을 소화했다.

내가 게으름을 고칠 수 없었던 이유는 늦게 나가도 지각하지 않았기 때문이다. 늦게 나간 시간만큼 빠르게 가면 된다고 생각했다. 대중교통을 이용하는 사람은 지하철이나 버스를 놓치면 지각이겠지만 자차로 출근을 하는 사람은 늦게 나오더라도 지각하지 않을 수 있었다. 대구에서는 가능했다. 차선을 자주 변경하고 액셀과 브레이크를 교대로 빠르게 밟아 준다면 말이다. 하지만 분주한 몸만큼이나 마음도 여유가 없었다. 일찍 나오는 날에는 아이들을 즐겁게 해 줄 고민을 했지만 늦게 나오는 날에는 어떻게 가야 빨리 갈까만 생각하기 때문이다. 일어날 일은 반드시 일어난다고 한다. 사고가 언제 날지를 몰랐을 뿐 아마 사고는 발생했을 것이다. 이렇게 급하게 다니는데 사고가 나지 않는 것이 더 이상하다.

머칠 후, 보험사 직원에게 전화가 왔다. 100 대 0 과실로 보인다는 것이다. 수긍했다. 면책금 30만 원을 냈다. 게으름의 대가였다. 만약 10분을 더 자서 사고가 날 것을 알았다면, 그래서 돈이 나간다는 결과를 알았어도 더 잤을까. 편안함에는 그 대가가 존재한다는 사실을 기억한다면 손해 보는 일이 적어질 것이다. 내 경험을 통해 여러분이 힘들게 번 돈이 지켜졌으면 좋겠다.

3

다른 사람의 말에 휘둘리지 않는
나답게 사는 법

    열여덟 살, 가족과 함께 대구로 이사를 왔다. 하남에 살 때는 자전거에 여동생을 태우고 함께 학교에 갔다. 학교가 바로 옆에 붙어 있었기 때문이다. 자전거를 타고 가다 보면 왼쪽에 논밭길이 보인다. 거름 냄새가 난다. 어릴 적에는 그 냄새가 싫었다. 옷에 똥 냄새가 배는 기분이다. 하지만 그것도 언젠가 그리운 기억이 되겠지. 초등학교부터 함께 지내 온 친구들도, 학교가 끝나고 늘 가던 분식집도 모두 안녕이다. 대구에 어떻게 내려왔는지는 기억이 없다. 분명한 것은 나는 새로운 시작을 좋아한다. 대구다. 전에 살던 집에도 내 방이 있었다. 이번에는 방 크기가 더 커졌다. 게다가 내 동생 수민이 방도 생겼다. 건물은 조금 낡아 보였지만 내부 인테리어 덕분에 집 안은 깔끔했다. 대구에 있는 처음 집에서 지금은 구름다리를 건너서 없는 강아지 까망이를 만났다. 동생 생일 기념으로 분양받았다. 집 앞에는 골목의 2/3를 차지하는 커다란 교회가 있었고, 집을 나와 조금만 걸으면 만화책 방도 있었다. 만화책 방 옆에는 동네 슈퍼마켓도 있었다. 동네는 한적했다.

새로운 환경이 마음에 든다. 처음으로 수민이를 데리고 만화책 방을 갔다. 문을 열었다. 책장에 만화책이 가득하다. 카운터에는 50대로 보이는 아주머니, 20대로 보이는 누나가 있었다. 사투리를 썼다. 신기했다. 영화 속에서 듣던 경상도 사투리를 실제로 들어 보니 구수했다. 억양에 높낮이가 있어서 애교스럽게 느껴졌다. 대구에 왔음을 실감했다. 아직 학교에 가지 않아 시간상으로 여유로웠다. 수민이와 만화책을 잔뜩 빌려왔다. 아무 생각 없이 만화책을 읽는다. 그러다 졸리면 잠을 잔다. 배고프면 라면을 끓여 먹는다. 배고픈 소크라테스가 될 것인가, 배부른 돼지가 될 것인가. 이 순간 나는 배부른 돼지였다. 돼지 대신 소크라테스가 돼서 건설적인 책을 봤더라면 어땠을까. 무언가를 결정해야 하는 순간 더 나은 선택지를 고르며 살지 않았겠는가. 확실한 것은 지금보다 더 많은 돈을 벌었을 것이다. 달콤한 마시멜로를 참는 법을 알았을 테니 말이다.

며칠이 지나 아빠 차를 타고 앞으로 다니게 될 고등학교에 갔다. 국가대표 축구선수 박주영을 배출한 청구고등학교다. 학교 운동장에 들어서는데 재학생들이 보인다. 이상하다. 하나같이 시커멓고 짧은 머리를 하고 있다. 그런 머리를 우리는 반삭이라고 불렀다. 반은 삭발이라는 의미이다. 다들 너무 무섭게 생겼다. 이쁜 여학생이 있는지 빠르게 스캔한다. 여학생이 보이지 않는다. 하남에는 없던 이곳은 남고였다. 입학 절차를 위해 1층에 있는 교무실로 간다. 사방에서 들리는 사투리가 만화방에서 듣던 누나의 사투리와는 달랐다. 딱딱했다. 지금도 드는 생각이지만 왜 같은 사투리를 써도 여자랑 남자랑 다르게 느껴지는 걸까. 교무실에서 나와 학교 안을 둘러봤다. 똑같은 머리 스타일에 똑같이 생긴 친구들이 나를 신기한 듯 쳐다봤다. 마치 동물원 안의 동물이 된 기분이다. 서울에서 왔다는 소문이 이미 다 퍼진 터였다. 그 당시 대구는 표준어를 쓰면 '서울 사람'이라고 신기해했나.

3월, 학교에 갔다. 교실에 가기 위해 계단을 올라가는 동안 심장은 쉴 새 없이 쿵쾅거린다. 담임선생님은 친구들에게 짧게 자기소개를 하라고 한다. 머릿속이 하얘진다. 얼굴이 빨갛게 달아오른다. 아무 말도 떠오르지 않는다.

'미리 준비라도 해서 올걸……. 동갑이니까 반말로 하면 되겠지. 첫인상 중요한데……. 에라 모르겠다.'

"안녕, 나는 홍석부야. 잘 부탁해."

자기소개를 준비해 왔다면 더 멋지게 나를 알릴 수 있었을 것이다. 별것 아니게 느껴질 수도 있다. 지금 당장은 말이다. 하지만 사소한 습관이 모여 나를 만든다. 글을 쓰는 지금에서야 '준비가 얼마나 중요한가'에 대해 깨닫는다.

1교시가 시작됐다. 국어 시간이다. 50대 후반은 되어 보이는 중년의 남자 선생님이 들어오신다. 키는 평균 키 정도인데 배가 많이 나왔다. 담배를 자주 피운 것일까, 나를 가리키며 쉰 목소리로 물어본다.

"네 서울 아가?"

친구들 앞에서 아가라니. 아무리 나이가 많아도 그렇지. 애 취급 받는 것 같아 기분이 좋지 않았다. 수업 시간 알아듣기 어려운 사투리를 많이 사용한다. 국어 선생님이 사투리를 써도 되는 걸까. 젊은 세대와 기성세대가 쓰는 사투리가 또 다르게 느껴졌다. 쉬는 시간이다. 짝꿍에게 말을 걸었다. 3교시가 끝나자 도완이가 말한다.

"석부야, 미안한데 서울 아는 원래 그래 말이 많나?"

안 그래도 무섭게 생긴 얼굴이 더 험상궂어진다. 알았다. 아까 국어 선생님이 말한 '아가'가 사전적 의미의 아가가 아니란 것을. 그리고 도완이는 과묵한 친구란 것도 알게 됐다. 내 뒤에 앉은 친구를 봤다. 착해 보인다. 이름을 물어봤다. 승우라고 한다. 처음 봤지만 나랑 결이 맞을 것 같다. 나는 승우가 있는 무리에 자연스럽게 들어갔다. 보름이 지났고 친구를 많이 사귀었다. 나는 재밌는 사람이 아닌데 나를 유쾌한 사람으로 생각해 준다.

도완이는 나를 시끄러운 사람이라고 생각했다. 나는 의기소침하지 않았다. 대신 나와 잘 맞을 것 같은 친구에게 다가갔다. 어릴 적부터 다른 사람의 이야기를 크게 신경 쓰지 않았다. 중학교 때 여자 친구를 부를 때도 또래들은 성을 붙여 세 글자로 부르지만 난 그게 딱딱해서 싫었다. 그래서 성을 빼고 불렀다. 친구들은 놀렸다. 쟤 좋아하냐, 왜 성을 붙여 부르지 않냐. 그 당시는 성별이 다르면 성을 붙여 부르는 것이 당연한 문화였다. 나는 두 글자로 말하는 것이 좋다고 했다. 겨울에는 군인 아저씨들이 착용하는 귀마개를 끼고 학교에 갔다. 빨간색 귀마개였다. 친구들은 촌스럽다고 말했다. 하지만 괜찮았다. 귀마개는 정말 따뜻했다. 우리는 어떨 때 가장 아름다울까. '아름답다'에서 아름은 '나'를 의미한다. 우리는 '나'다울 때가 가장 아름다운 것이다. 나는 앞으로도 나답게 살 것이다. 여러분이 생각하는 나다움이란 무엇인가.

4

무의미한 즐거움보다는
건설적인 즐거움 찾기

그토록 기다리던 퇴근이다. 아버지께 전화를 걸었다.

"아부지, 오늘은 원할머니보쌈 어떠세요?"

좋다고 하신다. 마침 빨간불 신호가 걸린다. 핸드폰을 들어 배달의 민족을 켜고 원할머니보쌈을 검색한다. 보족원쌈이 보인다. 보쌈과 족발이 함께 오는 메뉴이다. 생각보다 비싸다. 3인 58,000원. 다른 것에는 아껴도 먹는 것에 아끼지 않는다는 부모님의 철학과 내 지갑에 있는 엄마 카드 덕분에 고민 없이 음식을 시킨다. 매일 시키면 죄송하다. 돈 버는 일이 얼마나 힘든지 잘 알기 때문이다. 하지만 맛있게 먹는다면 덜 아깝지 않을까.

"음식 왔어요. 식사하세요."

안방 문을 연다. 화장실에서 샤워하는 소리가 들린다. 거실로 와서 먹을 준비를 해 놓는다. 족발과 보쌈 냄새가 거실 전체에 퍼진다. 아버지가 오셨다. 아버지가 젓가락을 드는 것을 확인한 후에 부드러운 보쌈을 맛본다. 이 맛이다. 목에 기름이 칠해지는 기분. '살기 위해 먹는 것이 아니고 먹기 위해 산다는 말'이 이해된다. 겨울철 따끈한 오뎅 국물보다, 다이어트 중 먹는 치킨보다 더 맛있는 것이 야식이다. 아버지는 입이 짧다. 얼마 드시지 않고 젓가락을 내려놓으며 말씀하신다.

"아빠는 끝." 그러고는 방으로 들어가셨다.

혼자 먹기 심심해 유튜브를 킨다. 오늘도 구독한 게임 영상들이 올라와 있다. 아무 생각 하지 않고 본다. 게임 방송을 밥 먹을 때마다 습관처럼 본다. 15분짜리 영상이 끝낼 때쯤 배가 부르기 시작한다. 볼록 튀어나온 배를 두드린다. 양손으로 잡아 보니 큼지막하게 잡힌다. 너무 많이 먹었나 싶다가도 나중에 빼면 된다고 하고 안일하게 여긴다. 지금 당장 행복한데 불행을 생각해서 좋을 필요가 있겠는가. 당장만 생각했던 내 태도 때문에 나는 지금도 다이어트를 하고 있다. 즉흥적 쾌락에는 늘 책임이 따른다.

뒷정리하고 방에 왔다. 방금 본 게임의 유튜버처럼 나도 게임을 잘할 수 있을 것 같다. 컴퓨터를 켜고 롤에 접속했다. 소환사의 협곡에 온 것을 환영합니다. 나를 반기는 소리가 들린다. 게임이 잘 풀리지 않는다. 재밌기 위해 시작한 게임이 스트레스로 다가온다. 롤은 5명이 하나가 돼서 하는 팀 게임이다. 나는 잘한 것 같았는데 게임에서 지니까 억울하다. 괜히 팀 탓을 하게 된다. 30분을 허투루 날린 것 같다. 이길 때까지 한다. 하지만 오늘따라 패배만 한다. 벌써 4연패다. 마지막 판이라는 생각을 하고, 시계를 봤다. 어느덧 1시 반이다. 내일은 수업이 일찍 있는 날이기 때문에 컴퓨터를 껐다. 너무 열중했나. 피곤하다. 침대에 누워 핸드폰을 켜고 네이버 웹툰에 들어간다. 웹툰은 요일별로 올라오는 만화가 다르다. 지난주에 봤던 만화를 이어 본다. 잠을 자면 하루가 끝이다. 아침이 오지 않으면 좋겠다. 새벽을 더 즐기고 싶다. 다시 유튜브를 켜고 영화 줄거리를 소개해 주는 채널에 들어간다. 시간은 새벽 2시. 알람이 잘 맞춰져 있나 확인한 후 잠이 든다. 수업도 잘 마무리했다. 맛있는 음식도 먹었다. 좋아하는 게임도 했고 자기 직전까지 취미 활동을 했다. 이것이 워라밸 아니겠는가. 그런데 허전하다. 야식을 먹어서 얻은 것은 뱃살, 게임을 해서 얻은 것은 스트레스, 유튜브를 봐서 남은 것은 아무것도 없다. 문제가 있다. 하지만 다음 날도, 그다음 날도 똑같은 패턴을 반복한다. 변화의 필요성에 대해서는 알지만 이미 굳어진 습관은 변화를 거부하는 듯하다. 그런 내가 바뀐 결정적인 계기가 있다.

내게 좋아하는 사람이 생겼다. 큰 키에 동그란 얼굴, 반달 모양의 귀여운 눈웃음, 단정한 눈썹, 오똑한 코, 원피스가 잘 어울리는 여자였다. 그녀에게 물어봤다.

"너는 어떤 남자가 좋아?"

그녀는 운동하는 남자가 좋다고 한다. 정확히는 헬스였다. 다음 날, 일이 마치고 집이 아닌 헬스장을 찾아갔다. 인바디 검사를 하고 상담을 받았다. 근육량은 적고 체지방은 높았다. 부끄럽다. 그동안 편한 것만 추구하고 살아온 것이 들통난 기분이다. 당장 PT를 등록했다. 내가 제일 싫어하는 것이 무거운 것을 드는 일이다. 하지만 그녀의 마음에 들기 위해 드는 덤벨, 무겁지만 싫지는 않았다. 1시간의 웨이트, 30분의 러닝이 끝났다. 땀이 흐른다. 계단을 내려오는데 다리가 저릿하다. 핸드폰 카톡을 켜고 그녀에게 연락한다.

"헬스 재밌었어."

헬스를 시작하자 많은 것이 바뀌었다. 게임을 적게 하거나 하지 않는 날이 많아졌다. 음식도 먹고 싶으면 닭가슴살이나 회, 삶은 달걀을 먹었다. 편의점에서 음식을 사서 먹더라도 뒤에 성분표를 보기 시작했다. 몸이 건강해지고 있다. 6개월쯤 지나자, 몸의 변화가 느껴진다. 우선 볼록했던 배가 조금 들어가서 위 복근 라인이 보인다. 그리고 얇았던 팔에 근육이 붙었다. 어깨는 단단해 보인다. 무엇보다 옷을 입었을 때 모양새가 좋아졌다.

등가교환의 법칙. 이 세상은 등가교환의 법칙으로 돌아간다. 등가교환의 법칙이란 물건의 가치만큼 돈을 지불하고 물건을 사는 것처럼 우리가 무엇인가 갖고 싶으면 그 가치만큼이 무엇인가를 희생해야 한다는 것을 말한다. 희생이란 단어는 부정적인 느낌이다. 희생을 떠올리면 힘든 것이 생각나고 포기해야 할 것도 떠오른다. 하지만 생각해 보자. 자발적으로 선택한 희생은 어떨까. 그렇게 고통스럽지만은 않다. 헬스장에서 운동하는 사람들을 보면 표정은 힘들어 보이지만 분위기는 그렇지 않다. 당당하고 자신감이 넘친다. '희생'을 즐겁게 생각할 수만 있다면 우리는 등가교환의 법칙으로 많은 것을 얻을 수 있다. 힘들다. 지친다. 괴롭다. 그 말들의 다른 뜻은 기쁘다, 신난다, 행복하다가 될 것이다. 다가올 미래 시점에서 보았을 때는 말이다. 한 번은 일요일 헬스장에 갔는데 사람이 정말 많았다. 핸드폰을 켜서 친구에게 카톡을 보낸다.

"이 좋은 일요일 헬스장에 사람이 왜 이렇게 많은 걸까?"
아직도 기억난다. 짧게 한 문장의 답변이 왔다.
"더 좋은 평일을 위해서."

사는 것이 바쁘고 쉽지 않다. 당장 눈앞에 쌓여 있는 일들이 한가득이다. 미래를 생각할 여유조차 없다. 하지만 이 상황에서, 조금만 멀리 볼 줄 아는 눈을 키운다면 지금의 상황을 견뎌 내게끔 해 주지 않을까. 친구의 말을 듣고 평소보다 더 운동을 열심히 했던 나처럼 말이다.

5

자신감 덕분에 얻어 낸 것

해 보지 않은 일에 대해 자신감을 가질 수 있을까. 대학교 1학년 수업을 들을 때, 또는 취업을 위해 자기소개서를 쓰다 보면 꼭 이런 질문이 있다.

"당신이 살면서 기억에 남는 어려움을 극복한 일은 무엇입니까?"

여러분은 대답할 수 있는가. 내 이야기를 들어 주었으면 좋겠다. 대학교 1학년 시절 입대를 위해 군 휴학을 했다. 나는 입대하기까지 네 달 정도의 시간이 남았기에 아르바이트를 구하고 있었다. 핸드폰을 켜고 집 근처의 구직 공고부터 본다. 가장 만만해 보이는 일은 피시방, 카페, 편의점, 음식점 서빙이다. 처음 해 보기 때문에 잘할 수 있을지에 대한 두려움이 든다. 그리고 돈을 벌 수 있는 어른이 되었다는 생각에 설렌다. 공고를 보던 중 내 눈이 한곳에서 멈춘다. 이후 다른 어떤 글도 눈에 들어오지 않는다. 심장이 두근거린다. 키즈카페에서 일할 선생님을 모신다는 글이다. 근무 시간도 오후 12시부터 저녁 6시까지였고 최저 시급도 보장해 준다. 공고를 읽어 내려간다. 지원 자격에는 '여자만' 지원해 달라고 적혀 있다. 잠깐 생각했다. 이 일은 해 보진 않았지만 무조건 잘할 수 있을 것 같다. 가슴이 뜨겁다. 나는 망설이지 않고 그곳에 등록된 휴대전화 번호로 전화를 걸었다.

"저는 남자입니다. 하지만 거기에 있는 그 어떤 여자 아르바이트생보다도 일을 잘할 수 있습니다. 면접 한 번만 볼 수 있을까요?"

지금 생각해 보면 내 행동은 무례하다. 자신감을 가지고 행동하는 것은 좋다. 하지만 한 번도 보지 않은 여자 아르바이트생을 내 멋대로 평가한 것이 아닌가. 나는 자신감과 오만함을 착각한 것이다.

사장은 고민해 보고 다시 연락을 준다고 했다. 그 후로 나는 다른 공고는 찾아보지 않았다. 반드시 이곳에 가겠다는 생각이었다. 문자가 오지 않는다면 한 번 더 연락하려고 했다. 하루가 지나고 이틀이 되어서 문자가 왔다. 면접을 보자는 내용이었다. 태어나서 처음 보는 면접이었다. 네이버에 면접 잘 보는 법을 찾아보다가 닫기를 눌렀다. 별로 도움이 되지 않는다고 느낀다. 내가 살아온 환경, 내가 자신감이 있는 이유, 나를 보여 주고 오자라는 마음으로 키즈카페로 향했다. 핸드폰으로 네이버 지도를 켠다. 언덕을 지나 키즈카페에 가까워지니 더 두근거린다. 가파른 언덕 때문에 숨이 찼던 것일까. 내가 원하는 일을 할 수 있다는 기대감 때문이었을까. 땀이 나서 등이 축축해진다. 키즈카페는 아파트 안 상가 건물 1층에 있었다. 창문으로 카페 내부가 보인다. 평화롭다. 문을 열고 들어가니 30대 후반의 단발머리를 한 젊은 여사장이 인사를 한다. 아이들은 앉아서 레고를 만들고 있다. 간단하게 인사를 하고 면접을 보기 위해 유아용 의자에 앉는다. 사장은 말한다.

"아직 대구는 보수적이라서 어머님들이 남자 선생님을 쓴다고 하면 좋아하지 않으세요."

여자 아르바이트생을 고용해야 하는 이유는 매출과 관련된 것이었다. 억울하다. 여자가 남자보다 더 세심하고 다정할 것이라는 선입견은 왜 생긴 것일까.

사장의 이야기를 듣고 나서 나는 나를 고용해야 하는 세 가지 이유에 대해 말했다. 첫째, 내 부모님은 유치원 원장이었고 유치원 안에 집이 있었다. 아이들과 함께 컸고 교사가 아이들을 어떻게 대하는지를 오랫동안 보며 자랐다. 둘째, 나는 아이들을 정말 좋아한다. 식당에 들어가서도, 쇼핑할 때도 아기들을 보게 되면 꼭 먼저 말을 걸고 인사를 한다. 마지막으로, 명절에 친척 집에 가면 나는 동생들에게 인기가 많다. 인기가 많은 이유는 애들을 다루는 법을 알기 때문이다. 이야기를 들은 후 사장의 고민하는 모습이 눈에 보였다. 나는 일주일만 일을 시켜 달라 그리고 판단해 달라고 이야기했다. 그렇게 20분 정도의 면접이 끝났다. 인사를 하고 집으로 돌아온다. 돌아오는 동안 거기에서 일하는 내 모습을 상상해 본다. 아이들이 나를 선생님이라고 부른다. 그리고 조그만 손으로 내 팔을 잡으며 레고 찾는 것을 도와달라고 한다. 어떤 아이는 음료수 뚜껑이 잘 따지지 않아 가지고 온다. 아이들이 다 가고 나서 조용해진 카페를 청소한다. 면접 때 최선을 다했다. 이제 결과를 기다린다. 불합격해도 괜찮다. 일할 곳은 많지 않은가. 구직 공고에서 키즈카페를 더 찾아보면 된다. 이번에 본 면접은 결과가 어떻게 되든지 간에 좋은 경험이었다. 얼마 후 문자가 왔다. 언제부터 일할 수 있냐고 물어본다. 순간 나도 모르게 소리를 질렀다. 정말 하고 싶은 일이었다. 사장은 내가 '남자'임에도 불구하고 채용했다. 왜 그럴까. '자신감' 때문이었을 것이다. 하지만 진짜 면접은 이제 시작이다. '자신감'에 근거한 행동을 하지 못한다면 나는 일주일만 일할지도 모르는 일이었다.

출근해서 일을 배웠다. 일은 어렵지 않았다. 갈색 앞치마를 한다. 카운터 뒤쪽에는 수많은 레고가 서랍장에 넣어져 있다. 아이들이 말한 레고를 꺼내어 준다. 잘못 주기도 하고 부품이 없는 것을 카운터에서 찾아오는 일도 오래 걸린다. 정산하는 컴퓨터를 다루는 것도 익숙하지 않다. 처음 해 보는 일인데 잘할 리가 없었다. 하지만 사장은 만족스러워했다. 한가지 때문이었다. 그것은 아이들과 '소통'이었다. 나는 아이와 금방 친해진다는 내 강점을 살렸다. 칭찬을 잘하고 리액션이 큰 나는 아이들에게 인기가 많아졌고, 내가 일하는 시간에 나와 놀기 위해서 오는 친구들이 늘었다. 그렇게 일을 시작하고 4개월이 지났다. 입대를 위해 아이들과 마지막 인사를 나눈 후 일을 그만두었다. 군대 안에서 시간은 2년이 4년 같았지만, 그 시간도 지나갔다. 전역했다. 복학하기 전까지 시간이 남아 구직 사이트에 들어갔다. 내가 일했던 카페를 검색했다. 원래 '여자만'이 었던 지원 자격이 '남녀 무관'으로 바뀌어 있었다. 이전에도 심장이 뛰는 일이 있었다. 하지만 당시에는 도전하지 않았었다.

'다른 사람이 벌써 했겠지?', '나보다 잘하는 사람 많을 거야.', '막상 해 보면 별로이지 않을까.'라는 생각 때문이었다. 이제는 생각이 달라졌다. 해야겠다. 예전에 TV에 나왔던 CF 내용이다.

두 남자가 술에 취한 상태로 어두운 골목길을 걷고 있다.

"형님, 해도 후회하고 안 해도 후회하는 일이라면 어떤 선택을 해야 할까요?"

"그럴 땐 해 봐야지."

"왜요?"

"하지 않으면 후회만 남아. 하지만 하고 나면 경험도 남으니까 말이야."

6

책임 회피에서 깨달은 한 가지

EBS의 교양 프로그램인 〈지식채널e〉에 '38인의 목격자'가 방영되었다. 1964년 3월 13일 새벽 3시 뉴욕 퀸지 거리 주택가에서 20대 후반의 '제노비스'라는 한 여성이 살해당했다. 이른바 '묻지 마 살인'이었다. 먼저 칼로 제노비스를 찌른 범인은 범행 장소에서 벗어났다. 칼에 맞은 제노비스는 힘겹게 집 앞까지 오며 살려 달라고 소리쳤다. 범인은 다시 나타나 제노비스를 강간하고는 자리에서 사려졌다. 그때까지만 해도 그녀는 살아 있었다. 잠시 후, 범인은 또 나타나서 마지막 숨이 붙어 있던 제노비스의 목숨을 끊어 버렸다. 그렇게 범인은 35분 동안 세 차례나 범행 장소로 돌아와 죽어 가는 여자를 칼로 찔렀다. 수사가 시작됐다. 사건 자체보다 더욱 충격적인 사실이 있었다. 사건이 일어난 시각 제노비스는 살려 달라고 소리치며 도움을 요청했다. 하지만 그 긴 시간 동안 비명을 들은 목격자 서른여덟 명은 불을 켜고 몰래 지켜만 본 채 도움을 주기는커 녕 그녀가 죽기 전까지 신고조차 하지 않았다. 목격자들은 왜 자신의 신 변에 직접적인 위협이 없었음에도 불구하고 그녀에게 어떠한 도움도 주 지 않았던 것일까? 이 사례는 집단 책임에 대해 잘 보여 준다. 이렇듯 책 임지는 사람이 많아질수록 개인의 책임감은 줄어든다. 사람들은 선뜻 나 서서 어떤 일을 할 때 책임지려 하지 않는다. 불똥이 튈까 무서워서이다.

나는 일병 때 '사랑의 벌'을 받은 적이 있다. 타군을 전역했거나 여자라 면 생소한 단어일 것이다. 공군에서는 규칙을 지키지 않았을 때 벌점을 받게 된다. 가령 생활관 청소 상태 불량, 취침 시간 이후에 통화나 TV 시 청, PX에 가는데 슬리퍼를 신고 가는 것 등이 있다. 벌점이 10점이 쌓이 면 '사랑의 벌'을 받게 되고 20점이 쌓이면 영창을 간다. 우리 생활관은 청소 상태 불량으로 일곱 명 중 헌병 두 명을 제외한 전원이 '사랑의 벌' 을 받게 되었다. 헌병은 헌병대 소속이기 때문에 연대 책임에서 빠진다. 책임을 지는 사람이 많아지면 개인의 책임감이 줄어든다. 우리는 다 같 이 청소하지 않았다. 대학교 조별 과제를 떠올려 보자. 누구도 선뜻 조장 이나 발표를 하려고 하지 않는다. 책임을 져야 하기 때문이다. 점수를 잘 받게 하는 책임. 책임에는 부담도 따른다. 할 일도 많아질 것이다. 점수 는 똑같이 받을 텐데 굳이 고생할 필요가 있겠는가.

'사랑의 벌'은 사역이라고 생각하면 된다. 아침에 일어나서 부대로 가는 것이 아니라 주임원사실 앞에 있는 회의실로 간다. 빈 A4용지에 반성문을 쓰며 하루를 시작한다. 부대 잡일들을 한다. 군대 간부가 이사하는 날이면 관사에 간다. 관사에는 엘리베이터도 없다. 계단을 올라갈 때면 옆 간격이 좁다. 장롱과 같이 긴 물건은 한 번에 코너를 돌 수 없다. 앞에서 들고 있고 뒤에서 천천히 돌 때까지 중심을 잡고 들고 있어야 한다. 이때 무게중심이 잘 맞지 않아서 평지에서 그냥 들었을 때 보다 더 힘이 든다. 에어컨, TV도 옮겨야 한다. 나는 힘이 약했다. 무거운 것을 들면 스트레스를 받아서 머리가 아팠다. 실외기를 옮길 때였다. 무게가 상당하다. 악력이 부족하다. 손이 미끄러져 놓칠 것 같다. 끔찍했다. 한 번에 3층까지 들고 올라갈 수가 없을 것 같았다. 중간중간 쉬자고 선임에게 말한다. 한심한 듯 쳐다보지만 이렇게라도 쉬지 않으면 그대로 떨어트릴 것 같았다. 악으로 깡으로 들었다. 몸살이 났다. 이사가 끝나고 생활관으로 복귀했는데 전화가 온다. 아까 그 선임이다. 선임 생활관으로 갔다. 선임은 침대에 걸터앉아 있다. 나보고 똑바로 서라고 하더니 인상을 잔뜩 쓰고 욕을 한다. 같이 있던 선임 동기들도 괜히 거든다. 억울하다. '사람마다 힘이 다를 수도 있지. 못생겨 가지고!' 영화에서처럼 계급장 떼고 싸우자고 말하고 싶다. 머릿속으로 상상한다. 배를 차서 넘어트린 후 올라가서 때려야지. 내가 맞는 것은 생각하지 않는다. 주인공이니까. 사역이 없는 날이면 군장을 메고 연병장을 뛴다. 내가 왜 이 고생을 하고 있을까. 책임지려 하지 않았기 때문이다.

　사랑의 벌을 받는 마지막 날이다. 반성문을 쓰는데, 앞에 앉아 있던 상병 선임이 말을 건다. 대화해 보니 고등학교 동창에 사는 아파트도 같았다. 별로 본 적 없지만 친숙한 느낌이 든다. 선임에게 말한다.

“말 편하게 해도 됩니까?”

　순간 정적이 흐른다. 아무도 이해할 수 없을 것이다. 군대에서 병사들 간 말을 편하게 하는 경우는 선임이 후임에게 권하는 것이기 때문이다. 나는 눈치가 없었다. 모두가 나를 쳐다본다. 이도훈 상병 역시 어이없어 한다. 하지만 화를 내지 않고 그러라고 한다. 그렇게 도훈이와 친구가 되었다. 도훈이는 우리 생활관에 자주 놀러 왔다. 나는 간부 식당에서 일했는데 맛있는 음식이 남으면 싸서 가지고 왔다. 동기들과 도훈이를 불러 나눠 먹었다. 금요일 밤, 같은 침대에 누워 쇼미더머니도 보았다. 주말이면 부대 내에 있는 코인 노래방에 놀러 갔고, 배가 고프면 간부 식당에 몰래 들어가 김치볶음밥을 하고 돈가스를 튀겨 먹었다. ‘사랑의 벌’ 덕분에 평생 친구를 얻었다. 불편하고 힘든 상황 속에서도 생각해 보면 얻어 갈 수 있는 것이 분명 있다.

　나는 동기와 함께 일했다. 동기인 창하 형은 나보다 두 살이 많았는데, 머리 쓰면서 일을 안 하려는 것처럼 보인다. 화가 난다. 선임이었으면 참았을 거고, 후임이었으면 혼을 내겠지만 동기여서 애매하다. 하루는 간부 식당 내에 있는 참모 자리를 청소해야 했다. 나는 일부러 그 일을 제쳐 두고 다른 일을 했다. 어차피 책임은 동기와 나 둘이 나누어지니까 이번에도 그냥 벌받고 말지 생각했다. 참모 자리를 보러 갔다. 깨끗하다. 책상 위 반찬통과 식기들이 치워져 있었고 책상도 닦여 있었다. 바닥에 떨어진 음식이 하나도 없다. 창문이 열려 있어 환기가 잘 되어 있다. 창하 형 혼자서 이 일을 다 한 터였다. 나는 미루려고 했다. 형은 당장 나서서 그 일을 직접 했다. 무슨 차이가 있을까. 나는 찜찜했지만, 형은 개운했을 터다. 나는 뭔가 부족하다 느꼈지만, 형은 만족스러웠겠지. 한순간의 행위가 생각과 기분을 하늘과 땅 차이로 만든 것이다. 나는 '악의'를 가졌지만, 형은 '선의'로 일했다. 어떻게든 하지 않으려고 꾀를 피웠던 나와는 달리, 형은 솔선해서 내 몫의 일까지 다 처리한 셈이다. 같은 계급이었지만, 나는 '졸'이었고, 형은 '리더'였다.

7

월요일 살아가기

내일은 월요일이다. 빨리 내일이 왔으면 좋겠다. 오늘 하루가 천천히 가는 것 같아 답답하다. 이렇게 생각해 본 적이 있는가. 없을지도 모르겠다. 나는 월요일이 싫다. 싫은 이유가 뭘까. 막연히 '일하러 가니까 싫지.' 밖에 떠오르지 않았다. 구글 ChatGPT에게 물어본다.

"사람들이 월요일을 싫어하는 이유에 대해서 말해 줘."

첫 번째, 주말이 끝났기 때문이라고 했다. 그렇다. 별로 한 것도 없는데 순식간에 주말이 지나갔다. 주말에는 늦잠을 자기 때문에 하루가 더 짧은 기분이다. 그렇다고 일찍 일어나는 것도 싫다. 주말만 24시간이 아니라 30시간이었으면 좋겠다. 나는 왜 이렇게 게으르고 잠이 많은 걸까. 그걸 알면서도 고치기란 쉽지 않다. 지금까지 굳어진 습관 고치기, 다시 태어나서 올바른 습관을 잡아 놓고 살아가기. 둘 다 어렵겠지만 후자가 쉬울 것 같다. 하지만 다시 태어날 수는 없다. 그래서 지금부터나노 고쳐 나가 보자 한다. 월요일이 싫은 두 번째 이유로는 적응의 어려움을 말한다. 주말 동안은 평소 지켰던 생활 패턴에서 벗어나 자유롭다. 마음이 시키는 대로 해도 되기 때문이다. 일어나고 싶을 때 일어나고 먹고 싶을 때 먹는다. 아무것도 하고 싶지 않을 때는 소파에 발 뻗고 편히 누워 넷플릭스를 봐도 된다. 하지만 월요일이 되면 다시 돌아와야 한다. 이틀 마음대로 했을 뿐인데 '월요병'이란 말이 나올 만큼 아침에 일어나는 것이 괴롭다. 인간은 적응의 동물이라지만 절대 적응되지 않는다. 1년을 52주로 잡고 단순하게 계산해도 벌써 1,612번째 월요일을 보냈다. 앞으로 1,600번 더 월요일을 보낸다면 그 이후에는 월요병이 없어질까. 적응한다는 말은 보내 온 횟수가 아니라 마음먹기에 따라 달라지는 것 아니겠는가. 세 번째 이유는 쌓인 업무 때문이다. 내 지인은 월요일 회사에 가면 회의만 4시간을 한다. 회의를 오래 한다는 것은 그만큼 업무가 많아진다는 것이다. 대부분 사람은 지난주와 주말 동안 쌓인 업무를 월요일부터 다시 처리한다. 내 경우 월요일은 새로운 체육 기구로 수업한다. 신입이었을 때는 일요일 밤이 되면 월요일 수업이 걱정됐다. 금요일에 교육을 들었어도, 해 보지 않은 기구로 수업을 한다는 것은 불안했다. 심지어 주말이 지나면 교육받은 것도 잘 기억나지 않는다. 그래서 월요일 1교시 수업을 제일 못한다. 아이들에게 미안하다.

월요일에 만난 아이들은 하고 싶은 말이 많다. 주말 동안 부모님과 어디를 갔는지, 무엇을 먹었고 어떤 경험을 했는지 말하고 싶어 한다. 월요일 아침부터 활력이 넘친다. 아이와 어른의 차이는 무엇일까. 우리는 주말에 쉬면 아무것도 하지 않고 주말이 갔다는 아쉬움이 남는다. 그렇다고 놀러 가게 되면 피로가 누적돼서 주말에 쉴 것이라는 생각이 든다. 딜레마다. 내가 본 많은 아이는 부모와 놀러 가서 피로가 쌓였을 텐데 월요일 주말 동안 쉴걸이라고 말하지 않는다. 아이들과 같은 마음으로 산다면 월요일이 즐겁지 않겠는가. 내가 월요일이 즐거웠을 때를 가만히 생각해 보았다. 중학생 때, 월요일에 학교에 가지 않고 롯데월드로 현장 학습을 가면 즐거웠다. 일요일 밤에는 잠이 오지 않았다. 학교라는 환경에서 벗어나 새로운 장소로 간다. 이때 뇌는 새로운 자극을 받는다. 호기심과 관심이 생기게 된 뇌는 새로운 환경을 탐험하고 적응하려는 성향 때문에 우리를 설레게 한다고 한다. 이것을 평범한 일상에 적용할 수 있을까. 현실적으로 불가능하다. 회사에 가지 않고 맨날 야유회를 갈 수는 없지 않은가.

나는 월요일에 수업이 가장 많고 수업을 시작하는 시간도 빠르다. 그게 싫었다. 월요일 수업이 늦는다면 얼마나 좋을까 많이 생각했다. 대학생 때도 월요일은 대부분 오후 수업으로 시간표를 짰었다. 그만큼 나는 월요일을 싫어하는 사람이다. 월요일이 싫다고 생각하니 몸은 더 무거웠다. 생각과 몸은 연결되어 있다. 이것을 직접 체험한 사건이 있다. 헬스장에 가서 운동하고 있었다. '한 개민 디' 생각하며 무서운 바벨을 들고 있었다. 옆자리에 앉아서 운동하던 사람이 "아, 힘들어."라고 외치는 순간 내 몸에 힘이 들어가지 않았다. 그 이야기를 들으며 나도 '힘들다'고 생각했고 그렇게 생각하니 들 수 있음에도 불구하고 힘이 빠졌다. 생각이 행동을 만들고 행동은 결과를 만든다. 월요일을 좋아할 수 없겠지만 적어도 싫다는 생각은 하지 말아야겠다.

나는 아침 구보를 한다. 출근 시간보다 1시간 일찍 일어나서 하루는 도림천을 산책하고 하루는 헬스장에 있는 러닝머신을 뛴다. 유튜브에서 운동 관련한 영상을 보니 근력 운동과 유산소 운동을 다른 시간대에 해 줘야 효과가 있다고 한다. 처음에는 매일 아침 헬스장을 갔다. 처음에는 잠도 잘 깨고 에너지도 넘치는 기분이었다. 2주가 지났다. 아침에 헬스장에 가는데도 뇌는 잠을 자는 것 같다. 그러다가 친구의 권유로 집 근처에 도림천을 뛰었다. 기분이 좋았다. 맑은 공기를 마시니 건강해지는 기분이다. 주변을 둘러본다. 자전거를 타는 사람, 산책로에 있는 운동기구에서 운동하는 사람, 강아지 산책을 시키는 사람, 공사하는 아저씨들, 각기 다른 사람들이 이른 시간 여기에 와있다. 건강을 위해서, 여가를 위해서, 일을 위해서, 목적은 다 다르지만, 생산적인 시간을 보내는 것은 분명하다. 우리가 자주 들어 본 말 중에는 '끼리끼리 논다.'라는 말이 있다. 보통은 안 좋은 의미로 해석되곤 한다. 학창 시절 질 나쁜 친구들을 보며 이런 말을 자주 썼기 때문일까. 하지만 뒤집어 생각해 보면, 나쁜 에너지뿐만 아니라 좋은 에너지를 가진 사람과 함께한다면 그 시너지는 배가 된다. 의식적으로라도 열심히 사는 사람이 많은 공간에 가야겠다.

월요일은 매주 돌아온다. 돌아오는 월요일은 많은 사람으로부터 환영받지 못한다. 인생은 하나의 선이다. 왼쪽 선의 끝은 태어남이고 오른쪽 선의 끝은 죽음이다. 하루하루 살아간다는 것은 반대쪽 관점에서는 죽어간다는 것을 뜻한다. 오늘이 월요일이어서 다행이다. 카르페디엠.

8

욕심에 눈이 멀어 사라진 돈과 바꾼 교훈

'비트코인에 투자해 볼까.'

비트코인이 열풍이다. 예전에 비트코인이 500만 원 한다는 뉴스를 봤다. 그때만 해도 거품이라고 생각했다. 뉴스가 나온다. 비트코인이 2,000만 원을 돌파했다고 한다. '이제 가격이 급락하겠군.' 이상하다. 날이 갈수록 가격이 오른다. 투자하고 있지 않은 나만 바보가 된 것 같다. 워뇨띠라는 인물이 있다. 그는 600만 원을 투자해 3,000억을 번 인물이다. 코인 시장에서 워렌 버핏 같은 존재다. 20대로 알려진 워뇨띠는 백수이다. 방 안에 갇혀 컴퓨터 앞에 앉아서는 차트 분석을 한다. 가격의 변동 폭과 거래량을 알려 주는 캔들 차트다. 그러다 보면 어느 지점에서 코인을 사야 하고 어느 지점에서 팔아야 하는지가 보인다고 한다. 솔깃했다. 차트 분석. 어렵지 않지. 경영학과를 나온 나는 모의 투자 과제에서 좋은 점수를 받은 경험이 있다. 자신감이 생긴다. 그가 큰 수익을 낼 수 있었던 이유는 크게 두 가지다.

먼저 주식 시장에서는 가격이 변해도 하루에 30% 이상 오르거나 내리지 않는다. 상한가와 하한가가 정해져 있다. 하지만 코인 시장은 다르다. 하루에 많게는 1,000%씩도 오르는 종목이 있다. 주식 시장은 장의 시작과 끝이 정해져 있다. 그 시간이 지나면 거래를 할 수 없게 된다. 코인 시장은 24시간 동안 열려 있다. 즉, 시간에 구애받지 않고 돈을 벌 수도 잃을 수도 있다는 이야기다. 워뇨띠를 제외하더라도 일반인이 코인 투자로 돈 벌었다는 소식이 들린다. 내 친구의 지인은 도지코인에 투자해서 300% 수익을 내고 있었다. 도지코인은 일론 머스크(테슬라 CEO)가 트위터에 언급해 자주 화제가 되던 코인이다. 늦기 전에 투자해야겠다. 가상화폐 거래소 중에서도 인지도가 가장 높은 업비트에 회원가입을 했다. 주식 투자 경험이 있었기 때문에 앱을 다루는 것은 어렵지 않았다. 먼저 인증 절차를 다 완료하고 원화를 100만 원 입금했다. 거래소에 가니 비트코인을 제외한 알트코인들이 많았다. 사람마다 투자 성향이 다르다. 나는 위험하더라도 큰 수익을 내고 싶었다. 코인들의 가격이 수시로 변한다. 특히 상단에 있는 세 가지 코인은 전일 대비 20% 이상 올랐다. 첫 번째로 뜨는 코인은 눈앞에서 계속 가격이 오르고 있었다. 참을 수 없다. 나도 돈을 벌고 싶었다. 매수 버튼을 눌렀다. 사지지 않는다.

그 사이, 가격이 또 올랐기 때문이다. 어쩔 수 없이 시장가로 매수를 했다. 코인을 거래할 때는 시장가와 지정가가 있다. 예를 들어 코인 하나의 가격이 2,000원이라고 치자. 내가 1,995원 지정가 매수를 걸어 놓으면 2,000원에서 1,995원이 되었을 때 코인이 구매된다. 그리고 시장가는 2,000원일 때 그 즉시 구매된다. 시장가로 사는 것은 위험 부담이 크다. 2,000원이던 코인을 시장가로 매수해서 오르고 있는 가격 2,030원에 샀다. 갑자기 가격이 급락한다면 나는 손해를 보게 된다.

현재 오르고 있는 코인을 따라서 사는 것을 '추격 매수'라고 한다. 추격 매수의 장점은 짧은 시간 안에 돈을 벌 수 있다. 단점은 짧은 시간 안에 돈을 잃을 수 있다. 시장가로 들어간 코인의 수익률이 보인다. 벌써 3%가 올랐다. 빨간 글씨로 30,000이 적혀 있다. 빨간 글씨는 수익, 파란 글씨는 손해를 의미한다. 코인을 팔아야 수익이 실현되지만, 숫자가 보이는 것만으로도 벌써 돈을 번 것 같다. 치킨 한 마리 먹을 수 있겠다는 생각에 기분이 좋으면서도 팔지 않는다. 팔지 않고 놔두면 더 오를 것 같다는 기대감 때문이다. 어제 제일 많이 오른 코인은 80%까지도 올랐다. 내가 사 놓은 A 코인은 현재 전일 대비 35% 올랐기 때문에 최근 추세를 봤을 때 50%까지는 오르지 않을까 짐작해 본다. 그럼, 앞으로 15만 원은 더 벌 수 있는 것이다. 하루에 10만 원을 투자 수익으로 번다고 가정해도 한 달이면 300만 원이라는 계산이 나온다. 돈 벌기 쉽구나. 투자가 늘 성공할 것이라고 착각했다. 변수와 장애물을 간과한 것이다. 투자가 만만했다. A 코인은 멈출 줄 모르고 올라간다. 수익률이 8%에 달했다. 어쩌지. 팔아야 하나. 주식도 그렇지만 계속 오르는 것은 없다. 올랐다면 내려갈 것이고 내려갔다가 다시 오를 수도 있고 그대로 가격이 하염없이 내려갈 수도 있다. 또는 그대로 무작정 올라갈 수도 있다. 선택해야 했다. 그래. 어차피 100만 원을 가지고 시작했으니까 8만 원 수익은 없는 돈이라고 생각하고 수익률이 0%가 됐을 때 미련 없이 나오자. 매도하지 않고 그대로 두었다. 수익률은 5~8%를 왔다 갔다 한다. 아무 일도 할 수가 없다. 밥을 먹을 때도, 씻으러 갈 때도, 운전할 때도 신경 쓰였다. 내가 안 본 사이 마이너스가 되면 어쩌지. 욕심을 낸 것에 대한 대가를 치렀다. A 코인은 떨어졌고 파란 글씨로 20,000이 적혀 있었다. 조금만 기다리자. 다시 오를 거야. 계속 떨어진다. 머리가 뜨끈뜨끈하다. 아까 팔걸. 후회된다. 조금만 더 기다려 보자. 시간이 지나자 떨어지는 것이 멈추었고 약한 반등으로 가격이 살짝 올랐다. 본전이 오나 싶더니 다시 마이너스 5%가 찍힌다. 힘들다. 이것을 보고 있는 것도 지친다. 돈 복제가 아니라 돈 삭제였다. 손해를 보고 팔았다. 욕심이 화를 부른다는 사실을 알면서도 또 욕심에 지고 말았다.

　본전 심리. 다시 만회하고 싶다. 다음 날도 투자했다. 이득을 보고 손해를 보고를 반복한다. 일하면 한 만큼 돈이 벌린다. 돈이 절대 사라지지 않는다. 하지만 투자라는 것은 일한 시간과 관계가 없었다. 사실은 투자가 아니라 도박이었다. 법정 스님의 말씀이 떠올랐다. 많이 가진 만큼 신경을 써야 할 것이 많아져 불행해진다는 것이다. 많이 가지진 못했다. 하지만 신경을 쓰면 불행해진다는 말 이제 알 것 같다. 행복을 수학적으로 풀어내면 행복=성취/욕심이다. 분모에는 욕심이 있고 분자에는 성취가 있다. 즉, 행복해지려면 어떤 일을 성공시켜 성취감을 자주 맛보거나 분모에 있는 욕심을 줄이는 것이다. 사람이기에 성공보다 실패를 더 많이 한다. 당연하다. 즉, 성취감을 원하는 만큼 늘릴 수는 없다는 말이다. 더 가지고 싶은 욕심을 조금 내려놔야겠다. 일확천금을 노리지 말고 더 나은 나를 만드는 것에 힘쓰며 살아야겠다. 행복의 공식 하나만 알아도 조금은 더 괜찮은 삶을 살 수 있지 않을까.

2장

지친 하루,
피곤한 인생

1

꼰대의 다른 이름, 남 탓

"시키는 거나 좀 제대로 해라."

기분 상한다. 다음 주에 있을 체육 수업을 위해 교육을 듣고 있었다. 테이블에 앉아 수첩에 교육 내용을 적는다. 1번부터 4번까지 내용을 적었다. 1번 머리에 쓰고 다니기, 2번 손등에 올리고 다니기, 3번 등에 올리고 다니기, 4번 굴리기. 아무리 생각해 봐도 체육 수업이 지루할 것 같다. 교육 담당자에게 아이디어를 냈다.

"오늘 교육 내용 중에는 재미있는 포인트가 없어서 그러는데 체육 교구 하나만 보조로 가지고 가도 될까요. 이렇게 하면 더 재밌을 것 같아서요."

한숨을 푹 내쉰다. 1년 차 교사가 무슨 의견을 내냐는 식으로 바라본다. 대답할 가치도 없다는 듯 대꾸한다. 그 모습을 보자 표정 관리가 안된다. 수첩을 덮고 일어났다. 자리로 돌아가 마시다 남은 믹스커피를 들이켠다. 핸드폰을 열어 시간을 확인한다. 퇴근 시간까지 10분 남았다. 같은 공간에 있고 싶지 않아 창고로 나갔다. 아이디어란 기존에 있는 사람보다 새로 온 사람에게 다양하게 나오는 법이다. 스콧 페이지 교수는 「다름: 다양성은 어떻게 더 나은 집단, 기업, 학교, 사회를 창조하는가」에서 이를 입증했다. 명문대학교 열 명의 학생을 모아 놓은 집단을 A, 다른 수준의 대학교에서 열 명의 학생을 모아 놓은 집단을 B로 정하고 어느 집단이 아이디어를 많이 내놓는가 실험했다. B 집단이 A 집단에 비해 많은 아이디어가 나왔다. 다양한 사람이 있기 때문이다.

나이가 많은 사람, 거기에 주관도 뚜렷해 다른 사람의 의견을 듣지 않는 사람을 '꼰대'라고 부른다. 여기서 나이가 많다는 것의 기준은 본인 나이다. 20대에게는 30, 40대가 꼰대일 수 있고 30, 40대에게는 50대가 꼰대일 수 있는 것이다. 그리고 10대에게는 20대가 그렇다. 세상이 바뀌고 있는데 아직도 옛날 문화에 머물러 있다고 생각한다. '꼰대', 'MZ세대' 세대 갈등의 대표적인 단어다. 많은 매체가 MZ세대의 문화를 좋지 않다는 식으로 말한다. 좋고 좋지 않음의 기준이 무엇이기에 그렇게 말하는 걸까.

"요즘 애들은 힘든 건 안 하고 쉽고 편한 것만 하려고 해."

친구와 식당에서 밥을 먹는데 옆 테이블에 아줌마 세 명이 수다를 떨고 있다. 무슨 이야기인지 관심 없다. 하지만 저 소리는 확실히 들렸다. '그게 잘못인가. 하고 싶은 걸 하면서 사는 것이 나쁜 건가.' 다른 사람에게 피해를 주지 않는다면 비난받을 이유가 없다고 생각한다. 통계 자료를 보면 대기업에 입사한 지 1년도 되지 않은 사람의 퇴사율이 갈수록 높아지고 있다. 이것을 보고 신입사원에게 인내심이 없다고 말할 수 있을까. 이유가 있었기에 나오지 않았을까. 세상에 쉽고 편한 일이 있긴 할까. 다 나름의 고충을 안고 있지만 보는 사람들은 그것을 보지 못하기 때문에 편하다고 생각하는 것이다.

요즘 피시방은 식당과 비슷하다. 없는 음식 빼고 다 있다. 또 맛도 음식점에서 사 먹는 것과 별반 다르지 않다. 만 원을 들고 가면 맛있는 밥 한 끼와 후식으로 커피 그리고 몇 시간 동안 게임을 할 수 있다. 나는 게임을 좋아했다. 친구들과 피시방에 자주 놀러 갔다. 그러다가 아르바이트생을 보았다. 카운터에 앉아서 편하게 핸드폰을 하고 있다. 음식을 주문받으면 금방 해서 가져다준다. 여름에는 시원하고 겨울에는 따뜻하다. 이런 걸 '꿀 알바'라고 하는가 보다. 피시방에 면접을 보러 갔다. 사장님이 일은 해 봤냐고 물어보신다. 해 본 적 없다. 하지만 손님으로 자주 있었기 때문에 잘할 수 있을 거라고 말했다. 사실 면접이라고 할 것도 없었다. 그렇게 피시방 일을 시작했다. 대구 동구청 역 근처 위치한 피시방이었는데 학생이 많이 왔다. 다섯 명이 와서 컴퓨터 한 대만 틀어 놓고 의자에 앉아 핸드폰을 쓴다. 그것도 세상 편하게 앉아 있다. 다른 손님에게 메시지가 온다. 학생들 때문에 지나가는 길이 좁고 너무 시끄럽다는 것이다.

게임을 하지 않을 거라면 나가 달라고 말하지만, 귓등으로 안 듣는다.

"좀 있다가 켤 거니까 가 주세요."

"어휴, 저 꼰대."

잠시 후 남학생과 여학생이 함께 비상구 계단으로 간다. 따라서 들어가니 흡연하고 있다. 바닥에는 온통 침투성이다. 침 뱉는 모습 꼴 보기 싫다. 더럽다. 담배를 피우지 말라고 하니 끄는가 싶더니 투덜거리며 나온다. 사장님께 이야기해 봤지만 달리 어떻게 할 방법이 없다고 한다. 손님 라면을 가져다주러 가는데, 구석에 앉아 있는 커플이 키스한다. 내가 다 부끄럽다. 당장 뛰어가서 제지할 수도 없다. 이럴 때는 좀 곤란하다. 손님 자리를 치우러 갔다. 책상에 라면 국물이 거하게 쏟아져 있다. 손님이 나간 문을 쳐다본다. 걸레를 들고 와서 닦는다. 키보드 밑에 패드는 얼룩이 져 쉽게 지워지지 않는다. 패드를 빼서 쓰레기통에 버리고 새로운 걸 깐다. 죄송하다고 말이라도 했으면 짜증이 덜 났을 텐데. 교대하기 위해서는 흡연실에 있는 재떨이를 비워야 한다. 재떨이에 담배꽁초들이 가득하다. 그보다 더 독한 것은 냄새이다. 담배 연기는 참을 만하지만 다 태운 담배꽁초가 모여져 있으면 썩은 내가 난다. 잠시 비우고 오는데도 온몸에 담배 찌든 내가 배었다. 페브리즈를 잔뜩 뿌려 보지만 머리카락에 밴 냄새는 빠지지 않는다.

자신의 기준에 부합되지 않아 '꼰대'라고 부르는 것은 어떻게 보면 '남

탓'을 하는 것과 다름이 없다. 제일 하기 쉬운 것도 남 탓이다. 사람은 누구나 '확증 편향'을 가지고 있다. 보고 싶은 것만 보고 듣고 싶은 것만 듣고 자신이 살아온 경험을 토대로 판단하며 그 판단이 진리라고 여긴다. 누군가 나와 다른 의견을 말했을 때 받아들이지 않으려 하고 심지어 화를 내는 사람도 있다. 나 역시 방어 기제가 상당히 강한 편이었다. 논쟁하다가 내 생각이 틀렸다고 말하는 상대를 보면 더는 이야기를 하지 않았다. 그렇게 살다 보니 바뀌는 것 하나 없이 서로에게 상처를 주며 살아가고 있는 나를 발견했다. 이제는 남 탓하지 않는다. 상대의 감정을 살피고 내 감정을 살핀다. 내 말에 대한 책임을 지려 한다. 감당할 수 있는 몫만큼 감당한다. 그렇게 해 보니 결과가 좋았다. 바뀌기 전에는 말에서 상처가 남았다면 지금은 어떤 것 때문에 갈등이 있었고 무엇이 그렇게 힘들었는지 기억나지 않는다. 나와 다른 사람을 '꼰대'라고 생각하지 않고 나를 보았다. 상대를 변화시키려고 했을 때 갈등이 생겼지만 나를 변화시키니 살면서 불만을 말하는 일도 줄었다. 불만이 많아 힘든 사람이라면 '나'를 한 번쯤 변화시키는 노력을 해 보면 좋겠다.

의미 없는 자책

서울로 이사 왔다. 길을 걸을 때 나도 모르게 눈이 가는 순간이 있다. 몸매가 좋은 사람, 외모가 출중한 사람, 스타일이 좋은 사람이 보일 때다. 서울은 내가 살던 대구보다 사람이 훨씬 많다. 사람만큼이나 볼거리도 넘쳐난다. 운동을 마친 늦은 시간에도 여전히 열려 있는 음식점과 포장마차, 24시간 멈추지 않는 배달 오토바이. 심야 버스까지. 새벽에도 온 건물이 환하다. 서울 한복판에 가면 건물이 꽤 높다. 인터넷 방송에는 '큰손'이라고 불리는 사람들이 있다. 그들은 방송하는 스트리머에게 적게는 수백만 원에서 크게는 억까지 쓰기도 한다. 신기했다. 팬심으로 저렇게 큰돈을 쓸 수 있다면 재산이 정말 많지 않겠는가. 높은 건물의 주인은 '큰손' 아닐까. 연예인들이 부동산 투자로 돈을 벌었다는 기사가 자주 보인다. 가지고 있는 돈이 많다면 더 많은 부를 가져다주는 것이 자본주의 사회다. 성공 서적을 보면 돈에 솔직해져야 한다고 한다. 예전에는 내가 돈 욕심이 없는지 알았다. 실제로도 다른 이에 비해 물욕이 없다. 나이가 드니 돈이 좋다. 돈 걱정 없이 먹고 싶은 것 먹으며 마음껏 여행도 다녀 보고 싶다.

'경제적 자유'라는 단어가 자주 등장한다. 유튜브만 봐도 젊은 나이에 경제적 자유를 얻은 이들이 늘어났다. 서점에 가도 마찬가지다. 가난했던 작가가 현재는 억만장자로 살고 있다고 책 표지에 쓰여 있다. 나는 돈 버는 방법을 알려 주는 책은 재미없다. 대신 작가의 어린 시절 이야기, 힘들었던 이야기, 그리고 이겨 낸 성공담을 보는 것이 좋다. 그런 것을 보며 나도 할 수 있다는 생각이 든다. 어떤 사람은 의심한다. 그들의 성공담이 거짓말이라고 말한다. 또는 단순히 운이 좋았다고 한다. 성공에는 운도 분명 필요하다. 하지만 그보다 더욱 중요한 것은 그 운이 올 때까지 준비하는 태도일 것이다. 한 번은 친구가 말했다.

"석부야, 돈이 많은 사람은 행복하겠지?"

그 질문을 듣자, 재벌 3세들의 자살 뉴스가 떠올랐다. 누구보다 돈이 많고 풍요로운 삶을 누렸을 텐데 그들은 왜 그런 극단적 선택을 했을까. 돈이 많으면 할 수 있는 것이 많아 인생이 재밌지 않을까. 통장에 남아 있는 돈을 신경 쓰지 않고 물건을 사는 기분이 궁금하다.

〈오징어 게임〉에서 나온 부자가 말했던 대사가 떠오른다. 눈이 오는 날, 시한부 판정을 받은 부자는 병원에서 창밖을 바라본다. 노숙자도 거리에서 죽어 가고 있다. 그러고는 남자 주인공에게 말을 건넨다.

"자네, 세상에서 가장 돈이 많은 사람과 돈이 한 푼도 없는 사람의 공통점이 무엇인지 아나?"

궁금했다. 아무리 공통점을 찾으려 해도 없었다. 설마 죽음이라는 당연한 이야기를 하는 것은 아니겠지.

"사는 게 재미없다는 것이네."

다 가져 보지 못했기에 이해할 수 없었다. 사는 것이 재미없다니. 주변에 사람에게 이 이야기를 했다. 이야기를 들은 사람들은 그 부자가 돈을 제대로 쓰지 못해서 저런 말을 하는 것이라는 반응이 대부분이었다. 여러분의 생각도 이와 같은가?

태어났는데 부자라고 가정해 보자. 노력하지 않고도, 마음만 먹으면 무엇이든지 다 가질 수 있다. 얼마나 재미있겠는가. 특히 젊고 돈까지 많다면 세상 부러울 것 없을 것이다. 하지만 인간은 동기를 가지고 살아가는 생물이다. 성취감 없이 얻게 되는 물건, 노력해서 끝끝내 얻어 내는 물건. 무엇이 더 행복감을 많이 주겠는가. 힘들게 벌지 않아 쉽게 쓸 수 있다면 돈이 우스울 것이다. 돈이 많기에 마약에 빠지고, 사람이든 물건이든 진짜 가치를 모르는 것이 아니겠는가. 나 역시 운을 바랄 때 있다. 로또를 산다. 매주 사지는 않지만 생각날 때 5,000원씩 사 본다. 누군가는 로또를 사면 일주일이 행복하다고 한다. 아직 추첨하지 않았기에 당첨된 상상을 할 수 있는 것이다. 나는 로또를 사고도 기대하지 않는다. 당연하다. 당첨 확률이 극악으로 낮기 때문이다. 그래서 로또 추첨이 있어도 까먹고 맞춰 보지 않는다. 지갑에 로또가 5~6장 쌓일 때쯤 한 번에 맞추어 본다. 지금까지 가장 크게 당첨된 금액이 5,000원이다. 1,057회차 로또에서 2등 당첨자는 664명이나 나왔다. 한 곳에서 103명이 나왔는데 모두 수동이었고 같은 시간에 구매한 것으로 확인됐다. 같은 번호로 5장만 사도 힘든데 100장을 어떻게 했을까. 이 번호가 확실하다 하고 산 것이 아니냐는 생각도 들었다. 유튜브를 켜서 로또 조작설을 찾아보기도 한다. 여러 의혹이 있었다. 외국 사례였다. 우리나라와 같은 기계를 쓰는 외국에서 기자가 로또 당첨 번호를 말하고 있었다. 3, 5, 7, 19, 12, 27이 나왔다. 하지만 기자는 3, 5, 12가 나왔다고 말한다. 19가 아닌 12를 말한 기자는 19가 나온 것을 보고 당황하고는 "다음은 12가 나올 겁니다."라는 이야기를 한다. 그러자 정말 12가 나왔다. 이게 있을 수 있는 일인가. 거기다 우리나라 로또 추첨은 생방송이 아닌 녹화방송으로 진행한다는 말이 있는가 하면 로또 구매 마감 후 10분 이상의 기간을 두고 추첨을 진행한다. '공정성'이 무엇보다 중요한 시대에서 만약 정보의 비대칭성을 이용한 '불공정'이 있다면 정말 잘못된 일이다. 하지만 그것이 밝혀지기 전까지 할 수 있는 것은 없다. 성공에는 '운'과 '실력'이 따라 줘야 한다. 로또복권은 단순히 '운'의 영역이다. 어린아이와 주사위 던지기 게임을 열

판 해서 다 이길 수 있는가. 불가능하다. 이것이 '운'의 영역이다. 어린아이와 체스해서 열 판을 다 이길 수 있는가. 조금만 공부하고 원리를 안다면 충분히 가능하다. 이것은 실력의 영역이기 때문이다. '불공정'은 없어져야겠지만 운만 탓할 것이 아니라 내가 일하고 있는 업무 능력을 더 키워야겠다.

다시 돌아가서, 부자 아들로 태어난 사람, 갑자기 돈이 많아진 사람, 실패의 경험을 통해 경제적 부를 얻은 사람. 세 가지 선택지가 있다면 나는 무엇을 선택할까. 고난을 극복해 본 사람만이 또 다른 고난이 왔을 때 이겨 낼 수 있다. 그리고 사실 첫 번째와 두 번째는 선택하고 싶어도 할 수도 없다. 어떤 책에서 그러더라. 성공은 이미 '내 안에' 있다고. 바다를 보지 못했다고 해서 바다가 사라지지 않듯 성공을 보지 못했다고 해서 내 안에 잠재된 성공이 사라지는 것은 아니지 않겠는가.

3

피곤함 이겨 내기

나는 잠이 많다. 아무리 자도 졸리다. 피곤한 이유는 피가 매일 빠지기 때문이라고 생각했다. 어렸을 때 소변에서 혈액이 검출돼서 대구에 있는 파티마 병원을 간 적이 있다. 정밀검사를 받아 보니 소변이 지나가는 요도랑 피가 지나가는 혈관이 가깝게 붙어 있어서 피가 조금씩 새는 것이라고 했다. 의사는 수술을 권하지 않았다. 살이 쪄서 내장지방이 쌓이면 자연스럽게 해결될 것이라고 했다. 나는 말랐었다. 먹는 즐거움을 크게 몰랐다. 아침밥은 잘 들어가지도 않았고 남들이 엄청 맛있게 먹는 음식도 적당히 먹을 만한 정도였다. 입도 짧았고 식탐도 없으니 살이 찔 수가 없었다. 그렇게 스물한 살에 50kg이라는 몸무게로 입대했다. 말랐기에 힘도 없었다. 군대 훈련 중 가장 고통스러웠던 것은 행군이었다. 방탄모, 전투화, 총만 해도 무거운데 가방에 넣어야 하는 게 왜 이렇게 많은지.

군장을 메고 일어나는 것조차 힘겹다. 무게가 30kg은 되었다. 행군을 시작한 지 30분도 되지 않았지만 어깨가 아프다. 손으로 들고 행군하라고 했으면 진작에 포기하겠지만 어깨에 걸쳐져 있으니 무거워도 강제로 버텨진다. 동기가 조언해 준다. 가방을 허리에 찬 벨트에 걸쳐 놓으면 좀 괜찮다는 것이다. 해 보았다. 어깨는 덜 아프다. 대신 허리가 아프다. 군장을 메고 평지를 걷다가 경사가 진 곳을 걷는다. 50m 앞에 모퉁이가 보인다. 저곳까지만 가면 쉴 것 같은 기분이 들어서 힘을 내 본다. 앞 사람 발뒤꿈치만 보고 걷는다. 도착하자 보이는 것은 또 오르막이다. 그렇게 세 번 정도 반복이 되었을 때 깨달은 철학적 사실이 있다. 지금처럼 끝이 보이지 않는 고통이 계속될 때 삶을 포기하는구나. 지금까지 공감할 수 없었던 부분을 공감할 수 있게 되었다. 고통을 겪어 보지 않고 살았다면 평범한 이 순간이 행복이라는 사실, 전혀 알지 못했을 것이다.

자대배치를 받았다. 훈련소와 다를 바 없이 이곳도 규칙적인 생활을 해야 했다. 먹는 시간, 자는 시간이 정해져 있었고 계급이 낮을 때는 식사를 거를 수도 없었다. 맛없는 밥을 먹어도 배는 부르니 인스턴트식품을 안 먹게 되었고 자연스럽게 몸이 좋아졌다. 군대에 가기 전에 들었던 말이 있다.

"마른 사람은 군대 가면 살이 찌고, 살이 찐 사람은 가면 빠져."

정말이었다. 내가 병장이 됐을 무렵 몸무게는 60kg이었다. 시간이 흘러 전역을 했다. 살도 어느 정도 붙어서 나왔다. 이제는 혈뇨도 나오지 않는다. 그런데도 자주 피곤하다. 학생 땐 학생이라 피곤하고 군인은 군인이라서, 직장인이면 직장인이라 피곤하다. 피곤할 때는 낮잠을 잔다. 피곤한 상태를 유지하며 집중하지 못하는 것보단 잠깐 자고 하는 것이 더 효율적이라고 생각했기 때문이다. 다음 일정이 있다면 잘 일어난다. 하지만 주말이나 공휴일, 잠깐만 자려고 했던 것이 한두 시간씩 지나갈 때도 있다. 알람을 맞춰 놓지만 일어나서 꺼 버리는 것이다. 일어나면 후회한다. 머리도 아프고 시간도 아깝다.

노는 걸 좋아하는 친구를 보면 체력이 좋은 것은 아니다. 피곤한 상태를 유지하며 논다. 몸이 극한까지 버티다가 쓰러지듯 잔다. 뇌가 명령한다. 즐거운 일을 해라. 도파민을 계속 분비해라. 어릴 땐 피곤함을 이겨낼 만큼 설레는 일이 많았다. 여행을 가는 것도, 게임을 하는 것도, 친구를 만나는 것도 그랬다. 나이가 들수록 설레는 일들이 줄어든다. 설레는 일을 찾는 것마저 귀찮다. 그렇다고 아무것도 안 하고 누워 있을 수는 없다. 나는 습관을 만들기로 했다. 책 읽는 습관과 운동하는 습관이다. 습관이 만들어지는 데는 보통 21일이 걸린다. 습관이 되었다고 해도 실행하기 위해서는 의지가 필요하다. 다만 그전보다 더 자연스러워질 뿐이다. 나는 하루에 30페이지씩 여러 책을 읽는다. 그렇게 두 권, 세 권을 읽다가 보면 엉덩이도 무거워진다. 이제는 책을 오래 읽을 수 있게 되었다.

그리고 운동 습관을 만들었다. 일이 끝나면 생각하지 않고 자연스럽게 헬스장에 간다. 가기 싫은 날도 간다. 루틴이 되었다. 운동을 1년 넘게 하다 보니 들리지 않았던 무거운 것들이 들린다. 신기하다. 운동과 독서를 통해 '하면 되는구나.'를 몸소 체험했다. 이것을 아는 사람은 자신을 신뢰할 것이다. 자기 확신이 있는 사람과 없는 사람은 분명 다른 길을 걷는다. 자신의 힘으로 성공을 이룬 사람들과 일반 사람, 두 부류가 다시 처음부터 시작한다고 해도 이미 성공을 해 본 사람은 재차 성공할 확률이 높다. 성공 기억이 DNA에 입력이 되었기 때문이다. 천운이 따르지 않는 한, 한 번에 큰 성공이란 불가능하다. '천 리 길도 한 걸음부터'라는 말처럼 갑작스럽게 이루어지는 것은 없다. 꽤 많은 성공을 이루며 살았지만 기억하지 못했다. 큰 성공만이 진짜 성공이라 여겼다. 하지만 돌이켜 생각해 보면 내가 이뤄 낸 작은 성공들도 적지 않았다. 처음 걸음마를 떼는 것, 혼자 버스를 탔던 것, 운전대를 잡은 것. 모두 도전이었고 결국 성공했다. 혼자 버스를 탔을 땐 어디서 내려야 할지 버스에 앉아 있는 내내 신경이 쓰였고, 목적지에 무사히 도착하면 마치 내가 어른이 된 것 같아 뿌듯했다. 시간이 지나고 나서는 버스 타는 게 무섭지 않았다. 운전도 마찬가지다. 도로에서 차선 변경하는 일은 쉽지 않았다. 전방을 주시하면서 사이드미러를 동시에 봐야 했기 때문이다. 옆 차선에서 오는 차 속도도 가늠이 안 되었다. 후진 주차를 하면서 몇 번이나 접촉 사고를 냈다. 지금은 너무나 익숙해져 신경 쓰지 않고 하는 많은 일이 어렸을 적 생소

하고 걱정되는 일이었다. 시도하기를 망설였던 일을 이제는 하며 살아야지. 1년 후에 내가 지금을 봤을 때 이 또한 익숙해질 테니까.

4

바쁜 세상 속,
효율적인 의사 전달 방법

친구 커플과 함께 신림동에 있는 온달집에 갔다. 식당에 들어가니 비어 있는 테이블이 보인다. 두 곳 중 넓은 자리에 앉으며 주변을 둘러본다. 사람들이 무슨 음식을 먹는지 궁금해서였다. 대부분 비슷한 음식을 먹고 있다. 메뉴판을 보니 닭다리 살 구이에 별표가 쳐져 있다. 대표 메뉴라는 뜻이다. 4인분과 소주를 주문한다. 잠시 뒤, 음식이 나왔다. 초벌구이가 돼서 바로 먹을 수 있다. 소스를 준다. 마요네즈 위에 주황 날치알이 올라가 있다. 소스를 섞으려다 제지를 당했다. 사진 찍고 먹겠다는 친구의 말을 깜빡했다. 찰칵. 사진이 찍힌다. 인스타에 올리려나 보다. 음식 먹을 때마다 매번 찍는 것도 번거로울 텐데 대단하다. 나도 블로그에서 맛집 주제를 만들어 식당 소개를 한 적이 있다. 가게 내부와 외부 사진, 메뉴판, 전시된 물건들, 맛 평가, 영수증 사진까지. 사진을 찍고 집에 가면 편집 작업을 한다. 주변 사람 얼굴은 모자이크 처리해야 하고 블로그 글은 이모티콘도 넣어 가며 이쁘게 꾸며야 한다. 숙제가 남아 있는 것 같다. 쉬고 즐기기 위해 왔는데 일을 하고 있다는 생각이 들었다. 그 이후로 음식 포스팅은 하지 않는다. 많은 이들의 관심을 받게 되면 돈을 벌 수 있는 수단이 생긴다. 온라인 홍보가 대표적이다. 유명 유튜버와 파워 블로거를 꿈꾸지만, 그 반열에 들어가는 것은 해 보니 쉽지가 않다.

음식을 먹었다. 역시 맛있다. 닭다리 살은 부드럽고 소스는 담백했다. 날치알 때문에 톡톡 터지는 식감은 맛에 풍미를 더해 준다. 소주병에 소주를 채우고 위에 홍차 토닉워터를 살짝 따른다. 술이 달다. 오늘은 두 병도 마실 수 있을 것 같다. 여행 이야기가 나왔다. 친구 J가 우정 여행을 제안했다. 이미 멤버가 세 명이라고 한다. 나랑 다 친한 친구들이다. 여행을 가기 위해서 매달 5만 원씩 여행통장에 모으고 있다고 한다.

"나는 여행 가게 되면 그때 한 번에 내면 안 될까?"

내 말을 듣더니 술 때문에 빨갛게 된 얼굴이 더 빨개진다. 그러고는 말한다.

"나는 그런 마인드가 진짜 싫어."

이유를 들어 보았다. 여행 자체보다는 여행을 위한 과정에 초점을 두고 이야기를 한다. 경제적으로 여유로운 사람은 없다. 하지만 규칙이 있다면 어떻게든 적금할 것이다. 그런 과정에서 우정도 한층 깊어질 것이라고 말한다. J가 흥분을 하니까 옆에 앉은 J 여자 친구가 그를 진정시킨다. J와 둘이 바람을 쐬러 가게 밖으로 나왔다.

"J야, 네가 어떤 생각으로 말하는지 잘 알겠어. 이해했어. 처음부터 내가 조금 더 구체적으로 말해 줬다면 네가 덜 화가 났을 텐데. 미안해."

J에게 내 생각을 말했다. 조금 진정되는지 나에게 몇 번이고 사과한다. 하지만 나는 기분이 나쁘지 않았고 사과하지 않아도 된다고 말했다. 이 상황은 나로부터 시작됐기 때문이다. 만약 내가 한 번에 내고 여행 가고 싶다는 근거를 같이 이야기했다면 친구가 화날 일도 안 생겼을 것이다. 나는 불확실성이 싫다. 다음 달에 당장 5만 원이 여유가 있을지 없을지도 모르거니와 친구 간의 불화가 생겼을 때 그 돈을 어떻게 처리해야 하는가에 대해 생각하고 싶지 않았다.

어제는 여자 친구와 다퉜다. 여자 친구의 말을 오해해서 해석했기 때문이다. 인도에 있는 신호등에 초록색 불이 켜졌다.

"저 차들 좀 봐, 초록색 불인데 막 지나가네."

"응? 저 방향이 초록색 불이니까 이쪽으로 지나갈 수 있지."

횡단보도를 오른쪽에 두고 직진하는 차가 당연하다고 생각했다. 횡단보도를 통과하지 않기 때문이다. 그녀는 초록색 불이 켜진 횡단보도를 통과해서 가는 차를 말했고, 나는 횡단보도를 우측에 끼고 직진하는 차를 보고 말했다. 나는 내가 본 게 맞는지 계속 물어봤다. 그녀가 짜증을 내기 시작한다. 집에 도착했는데도 기분이 언짢아 보인다. 똑같은 이야기를 계속하니까 짜증이 났을 것이다. 나는 오해를 풀고 싶었고 얘기한 끝에 정확하게 이해했다. 하지만 그녀의 기분은 풀리지 않았다. 집 앞에서 여자 친구에게 사과했다.

"오해해서 미안해."

말을 내뱉는 순간, 우리는 그 말에 책임을 져야 한다. 그리고 그 책임을 기꺼이 감당할 수 있어야 한다. 이 사실을 알기 전에는 내 감정을 먼저 생각했다. 이 상황에서 나는 억울한 생각이 먼저 들었을 것이다. 하지만 책임을 지려는 자세로 살아가니까 상대의 감정이 보이기 시작했다. 그러자 모든 인간관계가 변화하기 시작했다.

말이란 쉬운 것 같으면서도 어렵다. 늘 오해의 소지가 있다. 글은 얼마든 고쳐서 쓸 수 있다. 반면 말은 내뱉어 버리면 주워 담아서 다시 말할 수 없다. 생각하고 말해야지 하면서도 말하다 보면 실수가 생긴다. 말을 잘하는 한 가지 방법을 알고 있다. 결론부터 말하는 것이다. 그리고 그에 대한 근거를 말한다. 서론이 길어지면 명확한 의사 전달을 할 수 없다. 서론이 길어질수록 듣는 사람은 '그래서 하고 싶은 말이 무엇인데?' 생각하게 된다. 그래서 나는 이야기를 할 때는 결론부터 말한다. 예를 들면, 유치원 자체 행사 때문에 체육 수업을 할 수 없다는 연락을 받았다. 원장이 다른 날짜에 보강을 원한다고 말한다. 대표에게 그 사실을 전달해야 한다.

"월요일 행복유치원 수업 없습니다." 결론을 말한다. 그럼 듣는 사람은 궁금해질 것이다. '왜 수업을 안 한다고 하는 거지?' 그때 근거를 말한다. "자체 행사를 진행한다고 합니다." 그러면 대표는 먼저 물어볼 것이다. 그럼 보강 잡아야겠네. 세 줄로 된 대화를 단 두 마디로 전달할 수가 있다. 대화의 궁극적인 목표는 원활한 의사소통이다. 과거보다 복잡한 현대사회 속에서 긴 서론을 인내해 가며 듣고자 하는 사람 별로 보지 못했다. 말을 짧고 효율적으로 전달하는 것은 나를 위한 것이기도 하지만 상대를 위한 배려가 될 것이다. 주변 사람과 더 좋은 관계를 유지하기 위해서 대화에 조금 더 신경 써야겠다. 결론부터 말하는 법을 사용해 볼 수도 있고, 오해가 생기지 않기 위해 근거를 구체적으로 전달하는 방법을 사용할 수도 있다. '나'를 위한 말하기가 아니라 '상대방'을 위한 말하기, 한 번이라도 해 보면 확실한 차이를 느낄 것이다.

5

지금을 만든 것이 과거라면
미래를 만드는 것은 현재

나는 핸드폰의 원조, 삐삐가 뭔지는 잘 모른다. 내가 어렸을 때는 폴더폰을 썼었다. 학교 수업 시간, 책상 밑으로 손을 넣어 좋아하는 여자애에게 문자 메시지를 한다.

"오늘 끝나고 집 갈 때 같이 갈까?"

답장이 왔다. "그러자." 수업 시간에 선생님이 알려 주시는 내용이 하나도 귀에 들어오지 않는다. 대화를 이어 가고 싶어 이런저런 이야기를 한다. 그러다 문득 이런 생각이 든다.

'이 친구도 나를 좋아하는 걸까?' 초조하기도 하고 행복하기도 하다. 그 시절 느꼈던 순수한 감정이 가끔은 그립다. 온종일 그녀 생각뿐이다. 쉬는 시간 복도를 돌아다니다 마주치면 괜히 설렌다. 그렇게 어린 나는 사랑에 빠졌다. 하지만 한 가지 난관이 있다. 수업 시간에 핸드폰을 쓰다 걸리면 선생님께 핸드폰을 압수당한다. 걸릴까 봐 조마조마하다. 그래서 더 재밌었던 것 같다. 지금 생각해 보면 선생님은 다 알면서도 넘어갔으리라. 체육 교사가 되어 보니 그 큰 강당에서도 아이들이 딴짓하면 바로 알아차린다. 교실에서는 얼마나 더 잘 보였을까. 어렸을 때 머리 써서 거짓말하고 잘 숨겼다고 생각했던 것이 어른들은 알면서도 넘어갔다는 걸 이 나이 돼서 알게 됐다.

누구나 초등학교 때 떠오르는 기억이 있으리라. 나는 학교가 마치고 친구들과 BB탄 총으로 서바이벌 게임을 하는 것이 너무 즐거웠다. 어릴 적 살던 하남은 도시보다는 농촌에 더 가까웠다. 학교에 가다가 논밭에서 황소개구리도 발견한다. 낮이 되면 어른들은 서울로 출근해서 주위가 한적했고 저녁이 되면 그들이 돌아와 도시가 살아난 듯 사람이 넘쳤다. 학교가 마치면 사람도 없었기에 온 세상이 우리 것 같았다. 서바이벌 게임을 위해 팀을 나누고 구역을 정한다. 군인으로 변신해서 고개를 숙여 논밭에 엄폐도 하고 멀리서 총도 쏜다. 땀을 한 바가지 흘린다. 서바이벌 게임이 끝나면 문구점에 간나. 슬러시를 판다. 작은 컵과 큰 컵을 고를 수 있다. 큰 컵을 골라서 오렌지 맛과 포도 맛을 섞어 먹으면 더 시원하다. 그때를 떠올리면 일 마치고 먹는 맥주는 비교도 되지 않는다. 왜 슬러시가 더 맛있다고 말하는지 아는가. 맥주는 일이 마치고 먹었다면 슬러시는 놀이가 끝나고 마셨기 때문이다. 둘 다 끝맺음의 의미가 있다. 문득 놀이처럼 일을 하고 맥주를 마신다면 그때의 감정이 다시 떠오르지 않을까 하는 생각이 든다.

초등학교 고학년이 되었다. 동네에 피시방이 생기기 시작했다. 이제는 서바이벌 게임이 아닌 PC 게임을 하러 간다. 자주 가고 싶지만, 부모님 눈치가 보인다. 나이도 어리기 때문에 늘 허락을 맡고 갔다. 학원에 다니지 않고 피시방에 매일 가는 친구들이 부러웠다. 게임을 하다 보면 시간이 너무 잘 간다. 피시방 카운터로 가서 1,000원을 내민다. "1시간 더 추가해 주세요." 1시간을 더 했지만 부족하다. '어른이 되면 온종일 게임 해야지' 돌아가기로 약속한 시간이 1시간이 넘었다. 초조하다. 무슨 말을 해서 이 상황을 무마하지. 그래. 시간을 잘못 봤다고 하자. 집으로 돌아오니 어머니가 화가 나 있다. 오면서 변명거리를 잔뜩 생각했다. 저번에 넘어갔으니까, 이번에도 잘 넘어갈 수 있으리라.

"너 또 시간 잘못 봤다고 말하려고 하지?"

말을 꺼내기도 전에 내 시나리오에 있던 말을 어머니가 먼저 꺼내신다. 저번에 거짓말을 한 것도 알고 계셨다. 아들이 즐거워하는 모습을 생각하며 한 번은 그냥 넘어가신 것이었다. 변명을 해 보지만 통하지 않는다. 그렇게 혼이 잔뜩 나고 피시방 금지령까지 받게 되었다. 당장 즐거움에 빠져 이후에 감당해야 하는 대가에 대해 생각하지 못했다. 자제력이 없었다. 나이를 먹으면 좀 나아질까.

서른이 된 지금, 세상은 결국 인과응보라는 것을 깨달았다. 지금 만들어진 결과물은 모두 과거 나의 행동이 축적되어 만들어진 것이다. 1년 전 운동을 시작했기 때문에 지금의 몸이 된 것이다. 무거운 덤벨을 수없이 많이 들었다. 이만 오천 번 인상을 썼다. 닭가슴살과 삶은 달걀 수십 kg을 먹었다. 책, 꾸준히 읽었다. 문제를 볼 때 전보다 여러 방면에서 생각한다. 이해력도 좋아졌다. 친구들과 보드 게임방에 간 적이 있다. 내가 아는 게임은 부루마블, 포커 정도밖에 없다. 새로운 게임을 가지고 온다. 책상에는 태블릿이 놓여 있다. 우리가 가지고 온 게임을 검색하면 규칙을 설명해 준다. 단번에 이해가 된다. 이해를 넘어 전략까지 떠 오른다. 그럴 때면, 책을 잘 읽었다는 생각이 든다. 책을 읽어도 잘 고쳐지지 않는 단점이 있다. 나는 자제력이 부족하다. 누군가가 말했다.

"잘 때 핸드폰 좀 하다가 자지 마세요, 그럼 아침에 더 피곤해요."

전자파로 인해서 뇌가 제대로 쉬지 못하는 까닭이다. 그리고 유튜브, 인스타 등 SNS는 영양가 없다고 자주 말하곤 한다. 대신 자기 전에 독서하라고 한다. 그래서 독서를 해 봤다. 머리맡에 책을 놓고 자기 전에 읽었다. 눈을 감는데 뿌듯했다. 다음 날이 되었다. 책을 펼까 유튜브를 볼까 고민한다.

'그래 둘 다 하자.'

어제 하루 보지 않았을 뿐인데 구독해 놓은 영상이 여럿 올라와 있다.

게임 방송, 운동 방송, 최근 핫이슈까지. 하나만 보겠다고 다짐하고 핸드폰을 봤지만 결국 밀린 걸 다 보았다. 책은 내일 읽으면 되지. 그렇게 눈을 감고 잔다. 피곤한지 아주 잘 잤다. 그렇게 계속 책을 보지 않고 핸드폰을 보다가 잔다. 알고 있다. 어떤 선택을 하고 어떻게 살아야 나에게 더 좋을지. 하지만 기존의 습관을 버리기란 쉽지 않다. 어른이 되면 더 자제력이 생기지 않을까 했던 모호한 생각은 노력 없이 이루어지지 않는다는 걸 알았다. 책을 읽었다. 인과응보, 우리는 과거의 행동에 초점 맞추고 이야기한다. 하지만 인과응보는 현재와 미래를 연결 지어 해석해야 한다. 과거에 있었던 것이 현재라면 현재로 미래를 만든다. 말은 생각이 되고 생각은 행동이 된다. 그렇게 미래가 결정된다. 다행이다. 당연한 이야기겠지만 어떤 미래를 만들고 싶은지는 앞으로 내가 정할 수 있다는 것 아닌가. 현재가 불만족스러운 사람에게 이 메시지가 희망이 되기를 바란다.

6

평범한 일상, 긴급한 상황
그 안에서 깨닫는 것

5월이 되니 날씨가 더워졌다. 인터넷에는 작년보다 온도가 높아졌다는 기사가 많이 보인다. 봄, 가을만 되면 괜스레 기분이 좋아진다. 바깥을 돌아다니기만 해도 살아서 숨 쉬고 있는 순간이 행복하다. 계절이 여름과 겨울만 남는다면 생각만 해도 싫다. 아직 7월도 되지 않았는데 최고 온도가 27~28도다. 그래도 다행이다. 원룸에 에어컨이 있어서 틀고 잘수 있다. 매일 틀고 자다 보니 전기세가 걱정된다. 가끔은 창문을 열어놓고 잔다. 밤공기, 참 시원하다.

5월 31일, 새벽 6시 30분. 바깥이 시끄럽다. 사이렌 소리가 서울시 전체에 울린다. '뭐지? 훈련이라도 있나?' 창문을 닫고 다시 잔다. 10분 뒤, 핸드폰에서 소리가 난다. 이상하다. 소리가 날 리 없다. 나는 항상 무음으로 해 놓고 자기 때문이다. 문자 메시지를 확인한다.

[서울특별시] 오늘 6시 32분 서울 지역에 경계경보 발령, 국민 여러분 께서는 대피할 준비를 하시고, 어린아이와 노약자가 우선 대피할 수 있 도록 해 주시기를 바랍니다.

무슨 일이 일어나고 있는지에 대한 설명 하나 없다. 인터넷에 들어가 서 기사를 검색해 보지만, 아무 기사도 뜨지 않았다. 러시아와 우크라이 나도 전쟁 중이다. 이제 전쟁이 일어나도 이상하지 않다.

'다행이다, 부모님이 서울이 아닌 대구에 계셔서.' 처음 든 생각이었다. 너무 이른 시간이기에 전화드리지 않았다. 옷을 갈아입었다. 물도 꺼내 놓는다. 유튜브 실시간 뉴스에 들어간다. 5분 뒤 뉴스가 시작된다는 대 기 문구가 떴다. 잠시 후 뉴스가 방송된다. 내용을 확인해 보니 북한에 서 우주발사체를 발사했다는 것이다. 미사일이 아니라 우주발사체를 발 사한 것이다. 서울로 발사한 것도 아니었다. 다행이다. 나는 군대에 다시 끌려가는 상상을 했다. 어제와 다르지 않게 생각한 오늘이 괜스레 감사 한 날이었다.

2016년에도 비슷한 사건이 있었다. 대학교에 다닐 때 일이다. 학교를 마치고 기숙사로 돌아왔다. 가방을 의자에 올려놓고 그대로 침대에 눕는다. 높은 건물에서 떨어지는 꿈을 꾼다. 키가 더 크려고 하나. 괜한 기대를 해 본다. 자고 있는데 누군가 내 발을 잡고 흔든다. 일어나 보니 앞에 아무도 없다. 침대가 흔들린다. 아니, 온 세상이 흔들린다. 급하게 기숙사 방문을 열어 보니 동시다발적으로 사람들도 문을 열어서 주변을 확인하는 것이 보인다. 잠시 후, 건물이 심하게 흔들린다. 이대로 가만히 있다가는 죽겠다는 생각이 든다. 슬리퍼를 신고 전속력으로 건물 밖으로 나왔다. 규모 5.8의 지진이었다. 심지어 진원지는 우리 학교와 멀지 않은 곳이었다. 우리나라에서 관측된 것 가운데 가장 강력한 지진이다. 부모님 생각이 나서 전화했던 기억이 있다. 위급한 순간 가장 생각나는 것은 역시 가족인가 보다. 가족의 소중함에 대해 다시 한번 깨달았다. 꼭 무슨 큰일이 일어나지 않더라도 일상을 더 소중히 할 줄 아는 사람이 되어야겠다.

　토요일이다. 신림역에 있는 설빙에 빙수를 사러 갔다. 횡단보도를 건너는데 사람이 많다. 그 중 갑자기 귀에 들리는 소리가 있다.

　"내가 다시는 아이 낳나 봐라."

　아버지 한 분이 아기를 품에 안고 혼잣말한다. 아직 아이를 키워 보지 않아 자식 키우는 고충을 책과 드라마에서밖에 보지 못했다. 얼마나 힘들었으면 저런 말을 할까 싶었다. 그리고 생각했다. 힘들어서 저런 생각이 들더라도 입으로 말하진 않아야지. 어릴 적을 떠올려 보면 한 번쯤은 부모한테 상처받았던 말이 기억난다. 그런 것을 보면 사소한 말 한마디가 아이에겐 상처이다. 신림역 4번 출구로 가고 있었다. 또 명확히 들리는 이야기가 있다.

"죽기 전에 결혼도 하고 아이도 낳아서 키워 봐야지."

고개를 돌려서 보니 고등학생 여학생들이다. 이번에 경계경보 사건 때문에 나온 이야기 같다. 대학생 때 교수가 학생들에게 질문했다. 여학생 중에 결혼 생각이 없는 사람들은 손을 들어 보라 했다. 교양 수업이어서 인원이 꽤 됐는데 절반 정도가 손을 들었다. 최근에는 비혼주의도 많아졌고 결혼하더라도 자녀를 두지 않는 딩크족들도 등장했다. 결혼은 당연하다는 것은 옛날 생각이다. 그렇기에 결혼에 대한 낭만을 가진 소녀가 신기하게 느껴졌다. 왜 하필 저 두 이야기만 귀에 들렸을까. 차 다니는 소리, 가게에서 나오는 시끄러운 음악 소리, 사람 떠드는 소리 때문에 일부러 귀를 기울이지 않는 이상 다른 이의 대화를 듣는 것은 힘들다. 대조되는 두 이야기가 들린 것은 우연이었을까. 나는 어떨지 생각해 봤다. 화목한 가정에 어머니 아버지 건강하시고 똑똑한 여동생까지 있다. 유년 시절 힘든 걸 말하라고 한다면 몇 개 없다. 행복했다. 나도 부모님과 같은 부모가 되고 싶다.

평생 아이를 돌보는 일을 했다. 키즈카페, 구몬 교사, 공부방 원장, 유치원 체육 교사. 아이에게 공부면 공부 운동이면 운동 다 잘 알려 줄 수 있을 깃 같다. 수많은 부모를 만났고 그보다 더 많은 아이도 봐 왔다. 예의 바른 친구와 감사할 줄 아는 부모를 보면서 나도 저렇게 키워야지 생각했고, 반대의 경우 절대 그러지 말아야지 다짐했다. 아이가 절대 내 뜻대로 커 주지 않을 거라는 것을 안다. 부모가 아이를 낳았다고 해서 그 아이의 인격까지 소유한 것은 아니다. 하지만 바람이 하나 있다면 적어도 아이에게 책 읽는 습관만큼은 만들어 주고 싶다. 책을 읽어 보니 그전에는 보이지 않았던 것들이 보이고 마음가짐도 달라졌다. 성공한 사람 또는 그 분야 최고의 전문가는 큰돈을 주고도 만나기 힘들다. 하지만 고작 1만 8,000원으로 그들을 만나고 얘기하고 그 삶을 들여다볼 수 있다면 이것은 정말 말도 안 되는 거래 아니겠는가.

7

내 가치를 올리기 위해서
필요한 한 가지

카페나 치킨집은 이미 많은데도 계속해서 늘어난다. 과거, 세계대전이 일어난 이유는 공급과잉 때문이었다. 남는 물건을 식민지에 팔면서 그 문제를 해결했다. 하지만 21세기는 공급과잉의 해결책으로 전쟁을 선택하지 않는다. 대신 경쟁 업체보다 경쟁력을 가지기 위한 여러 가지 노력한다. 그 노력의 본질은 고객의 마음을 사로잡는 것이다. 살아남기 위해 신메뉴를 개발하면 금세 다른 곳에서 따라 한다. 물건의 가격을 낮추면 다른 곳도 낮춘다. 한 번 성공이 영원한 성공을 보장해 주지 않는다. 꾸준히 노력하고 개발해야 한다. 정말 먹고 살기 힘든 세상이다. 커피를 마시면 나는 주로 아이스 아메리카노를 마신다. 맛은 다 비슷하다. 적어도 내가 느끼기엔 그렇다. 그래서 가끔은 그런 상상을 해 본다. 커피를 정말 좋아하는 사람을 데리고 와서 눈을 가린다. 앞에는 5종류의 커피가 올려져 있고 모두 아메리카노다. 거피를 구분해 보라고 한다. 스타벅스 커피만 먹는 사람은 익숙해진 맛을 골라 스타벅스 커피를 뽑을지도 모르겠다. 하지만 원두가 같은 맥도날드의 커피가 올려져 있어도 구분할 수 있을까? 구분할 수 없다면 굳이 스타벅스를 먹는 심리는 무엇일까.

익숙함 때문일 것이다. 스타벅스 커피는 우리에게 익숙하다. 초록색 로고도 친숙하다. 문득 그런 생각이 들었다. 나를 커피라고 하자. 나를 잘 팔리게 하기 위해서는 대중에게 익숙해져야 한다. 대표적인 예시로 연예인이 그렇다. 미디어를 통해 자주 노출되는 그들을 보면 직접 본 적이 없는데도 친숙하다. 국민 MC 유재석, 강호동이 시골에 가면 주민들이 마을 사람 대하듯 대한다. 내가 커피를 통해 얻은 교훈이다.
'고객에게 익숙해져라.'
집 앞에는 컴포즈 커피가 있다. 그리고 그 옆에는 스타벅스가 있다. 커피 가격이 세 배나 차이가 난다. 매장에 앉아서 먹는 것과 테이크아웃 전문점의 차이다. 그렇다면 매장에서 마시지 않는 사람이 비싼 커피를 사는 이유는 무엇일까. 컴포즈 커피의 강점은 가격 경쟁력이다. 하지만 스타벅스는 가격 경쟁력이 통하지 않는다. 강남역 사거리에는 총 여덟 개의 스타벅스 매장이 있다. 스타벅스 경영진은 '커피' 하면 '스타벅스가' 떠오르게 전국 곳곳에 매장을 위치시켰다. 1,500원을 주고 멀리 가서 커피를 사는 것과 조금 비싸지만 바로 앞 스타벅스 매장에서 커피를 사는 것.

비용적인 측면에서만 보면 전자를 선택해야 하지만 편의성 측면에서는 후자를 선택하게 된다. 마케팅 기법에 대해 다루고자 언급한 내용은 아니다. 내가 이 둘을 비교하는 이유는 나는 어떤 커피가 되고 싶냐는 질문을 던지기 위해서다. 싸고 많이 팔리는 사람이 되겠는가. 비싸도 많이 팔리는 사람이 되겠는가.

떠오르는 인물이 있다. 『강안 독서』의 저자 이은대 작가다. 그에게 글쓰기 강의를 듣기 위해서는 300만 원을 내야 한다. 적지 않은 돈이다. 심지어 글쓰기 코치 과정은 1,200만 원이다. '부자가 아니고서야 그 돈을 주고 강의를 듣겠어.'라고 생각하고 줌 링크 방에 입장했다. 카메라에 비친 사람들을 쭉 본다. 부자가 있을 수도 있다. 줌 화면으로만 봐서는 알 수 없다. 하지만 내 눈에 보이는 화면 속 사람들은 대부분 평범한 이들이었다. 그들은 글을 쓰고 싶어서 모였다. 그렇다면 다른 글쓰기 강의도 많을 텐데 왜 비싼 돈 주고 이은대라는 사람을 선택했을까. 내가 첫 수업을 들었을 때 이야기를 해 보겠다. 이은대 작가가 말했다.

"내가 좋아하는 글을 써야 할까, 대중이 좋아하는 글을 써야 할까?"

나는 이렇게 두 가지 상황을 던지고 생각할 거리를 주는 강의가 좋다. 정답은 왠지 좋아하는 글을 쓰는 것 같다. 하지만 솔직히 대중이 좋아하는 글을 써야 책이 팔리지 않겠느냐는 생각도 든다. 강의를 들었다. 이은대 작가는 수강생에게 동기부여를 한다. 수강생이 책을 꼭 썼으면 하는 바람이 전해진다. 강의를 다 들었는데 허전하다. 용기만 생겼을 뿐, 배운 것 하나 없는 것 같다. 나는 글을 쓰는 기술적인 부분이 궁금했다. 하나도 알려 주지 않았다. 그러더니 과제를 하라고 한다. 배운 것이 없는데 어떻게 과제를 하는가. 줌 화면에 비디오를 켜고 있는 다른 사람 표정을 본다. 이상하다. 나만 불만족스러워 보인다. 심지어 좋은 후기를 남긴다. 속으로 생각했다.

'이 정도면 사이비 교주 아니냐고.'

어머니께 전화를 드렸다.

"이분 강의 잘하시는 것 맞아요? 제 스타일은 아닌 것 같아요."

어머니가 말씀하신다.

"작가님 강의를 계속 들어야 해. 그래서 비로소 그분의 진가를 알게 된단다."

생각해 보면 나는 빠르게 갈 수 있는 '지름길'을 원했다. 하지만 지름길에 관한 설명은 하나도 없었다. 그는 누구나 다 아는 이야기를 한다.

이은대 작가를 한 달 동안 보았다. 정규 과정과 문장 수업 포함하면 총 여덟 번을 본 셈이다. 하루도 빠트리지 않았다. 그리고 이제야 알았다. 누군가의 마음을 움직이는 건 힘든 일이다. 글을 쓰고자 하는 마음을 행동으로 옮기게 하기도 어렵다. 자신도 변화하기 힘든데 타인을 어떻게 변화시키겠는가. 그런데 내가 글을 쓰고 있다. 막연히 상상만 했지, 이렇게 실행하게 될지 몰랐다. 강의 시간에 화내고 소리 지르고 해서 여러 번 스피커 소리를 조정한다. 하지만 그 속에 진심이 있었다. 작가에 대해 더 잘 알기 위해 『최고다 내인생』을 봤다. 내가 이 책을 보고 느낀 것을 한 문장으로 쓰자면, 결국 이은대를 스타벅스로 만든 본질은 자신을 사랑하는 마음이었다. 그가 이야기하는 타인을 돕는 행위, 걱정을 적게 하기, 실천의 중요성 모두 자기애에서 시작된 것이다. 우리는 나를 남과 비교하며 열등의식에 사로잡힐 때가 많다. 머릿속으로 분명 다름을 인정하는데도 부러운 것이다. 하지만 나를 사랑하는 마음이 크다면 부러움도 줄어든다. 지금보다 더 나를 사랑해 주면 여러모로 좋지 않겠는가.

8

좋은 사람이 되는 방법

주변에 그런 사람 한 명쯤 있지 않은가. 약속 또는 이야기를 잘 잊어버리는 사람. 내 친구 중에도 한 명 있다. 친구는 하남에 사는데 토요일 시험을 보러 영등포역으로 온다. 우리 집 근처이기에 그날 보자고 약속했다. 시험 일주일 전 날, 혹시 몰라 연락했다.

"시험 끝나고 봐야지."

"그래, 날 한번 잡아 보자."

이게 무슨 소리인가. 날을 정했는데 다시 잡자니. 섭섭하기도 하고 화도 난다. 한두 번 그런 것도 아니다. 미안하다는 한마디 없다. '원래 잘 잊어버리는 친구지.' 하고 넘어갈 수 있다. 곰곰이 생각해 봤다. 자주 까먹는 이유가 무엇일까?

그게 중요했다면 잊어버렸을까. 회사에서 수요일 임시 휴무라고 안 나와도 된다고 한다. 그래도 친구는 그 사실을 잊고 회사에 갔을까. 안 갔을 것이다. 확신한다. 짜증을 내 봤자 당사자가 심각성을 느끼지 않는다면 변하지 않는다. 친구를 알고 지낸 지 벌써 12년째이니 말이다. 나 바꾸는 것도 힘든데 남을 바꾸려 한다는 것 자체가 모순일지도 모르겠다. 그렇다면 말할 때 그 사람의 뇌리에 박히게 하는 건 어떨까. 가령 이득을 주거나 손해를 끼치는 화법을 쓰는 것이다.

"너 그날 나올 때 내가 이쁜 여자애 데리고 갈게. 멋지게 하고 나와."

당신이 남자라면 까먹겠는가. 며칠 전부터 설렐 것이다. 아침에 일어나서 안 하던 왁스까지 하고 옷을 몇 번 갈아입을지도 모른다.

"너 그날 안 나오면 벌금 10만 원 나한테 줘."

돈 아까워서라도 기억할 것 같다. 하지만 잊지 말아야 한다. 사람을 대할 때 배려와 존중이 밑바탕이 되어야 한다는 사실을 말이다. 특히 아이를 대할 때는 더 그렇다.

"우와, 두부 선생님이다. 두부 선생님~."

유치원 체육 교사인 내 닉네임은 두부다. 대표는 이상하다고 연예인 이름으로 하라고 했다. 난 순수함을 상징하는 두부가 좋다. 아이들이 부를 때도 친숙하다. 체육 수업 시간, 친구들이 강당에 들어온다. 이제 말문이 트인 다섯 살 친구들 어찌나 말이 많은지, 체육 시간에 말하고 싶어서 오는 것 같다.

"어제 엄마랑 마트에 갔는데 엄마가 뽀로로 젤리 사 줬어."

"나는 넘어져서 여기 다쳤어."

"나는 키즈카페에 가서 레고 만들었어."

"나는 할머니 할아버지랑 계곡 놀러 갔어."

열 명이 넘는 아이들이 동시에 말하면 한 명의 이야기도 제대로 알아 듣기 힘들다. 하지만 듣는다. 어머니가 내게 그랬던 것처럼 아이들이 존 중받고 있다고 느꼈으면 좋겠다. 한 명씩 말하도록 해 본 적도 있다. 체육 수업 시간이 줄어든다. 괜히 담임선생님 눈치가 보인다. 아마 이런 생각을 하고 있지 않을까.

'체육 선생님은 도대체 언제 수업을 하려고 하지. 애들 맡기고 체육 시간 동안 좀 쉬고 싶은데…….' 여러 명을 보며 고개를 끄덕인다. 단어만 가지고 추론해야 할 때도 많다. 그래도 다행이다. 아이들이 주말에 경험했던 것은 다 비슷하다. 신입 교사 시절, 아이들이 이야기하면 모두 들어 주고 싶은 욕심만 컸다. 그렇다 보니 한 명의 이야기도 제대로 듣지 못했다. 하고 싶은 말은 있지만 소심한 친구, 목소리가 작아 잘 들리지 않는 친구, 챙겨 주지 못했던 것 같아 특히 더 미안하다. 시간이 답이라는 말이 있다. 여유가 생기면 걱정이 줄어든다. 조급함도 사라진다. 전년도, 전전년도 경험이 쌓였기 때문이다. 수업에 자신감이 생긴다. 3년 차가 된 지금은 많이 달라졌다. 목소리가 큰 친구들의 말에는 반복되는 단어로 호응을 해 준다.

"뽀로로 젤리 맛있었겠다."

"넘어졌구나, 괜찮아?"

조용한 친구에게 가까이 다가간다. 눈을 맞추고 들어 준다. 목소리가 작아서 입 모양을 잘 봐야 한다. 이야기를 끝내면 세상 환하게 웃는다. 체육 수업을 하다 보면 말썽꾸러기 친구들이 교실에 한두 명씩 꼭 있다. 수업 시간에 제일 이름을 많이 부른다. 스승의 날 편지를 받는다. 아이 얼굴은 알지만 이름은 처음 본다. 왜냐면 편지는 조용한 친구들이 써 줄 때가 많기 때문이다. 앞으로는 더 기억하려고 노력해야지. 카카오톡에서 나와의 채팅을 눌러 아이의 특징과 이름을 적는다. 그렇게 하지 않으면 일주일에 한 번 보는 아이 이름을 외우기는 절대 쉽지 않다.

존중해 주고 싶다. 다 듣는다는 것이 욕심인 걸 알면서도 내려놓지 못했다. 시간이 지났고 귀를 열고자 노력했다. 이제는 더 잘 듣게 되었다. 자연스럽게 아이들에게 인기도 많아졌다. 내 지인은 회사에 가면 말 많은 사람 때문에 피곤하다고 한다. 남의 이야기는 귓등으로 듣지 않으면서 자기 이야기만 한다고 한다. 관심 분야에 대해서 말하고 듣는 것은 좋다. 하지만 그 외 분야를 듣고 있자면 나 역시도 피곤이 몰려온다. 잠시 생각해 봤다. 주변을 둘러보면, 다른 사람 이야기를 들어 주기보다는 자기 말을 하는 사람이 많다. 다른 사람 이야기를 듣다가도 자기 이야기를 하고 싶으면 끼어들어 말한다. 나는 내가 좋아하는 사람은 모두 다 사귀었다. 지금부터 그 팁을 공개하겠다. 들어 주는 사람이 되면 된다. 말로만 들으면 쉽겠지만 사실 어렵다. 잘 듣기 위해서는 훈련이 필요하다. 이야기를 듣다가 중간에 궁금한 것이 생겨도 말하지 않아야 한다. 문맥이 끊길 수가 있기 때문이다. 그리고 상대의 이야기에 공감과 호응도 해 주어야 하고, 내용도 정리해서 기억하고 있어야 한다. 머리가 아플 수도 있다. 하지만 해 보니 기억력도 좋아지고 논리력도 생기는 것 같아 뿌듯하다. 거기다 좋아하는 사람의 호감까지 얻을 수 있다면 이것을 보고 '일석삼조'라고 말하나 보다. 스피커보다 리스너가 되어 보는 경험을 한 번쯤 해 봤으면 좋겠다.

3장

좋은 생각,
좋은 말,
좋은 습관

1

더 나은 삶을 사는 방법

하루를 돌아보면 후회되는 날이 종종 있다. 어린 시절을 떠올려 봤다. 그 시절에는 오늘 하루를 어떻게 보냈는지 전혀 생각하지 않았다. 중학생이 되었다. 이제는 책임감에 대해 어느 정도 알게 됐다. 대표적으로 시험 기간에 공부하지 않으면 마음이 불편했고, 편하게 낮잠을 잘 수 없었다. 나는 동네에 새로 생긴 '강남일등영재' 학원에 다녔다. 학원에 등록하러 갔다. 학원에는 친구가 단 두 명 있었다. 내가 세 번째 학생이 된 것이다. 우리는 시험 기간이면 토요일도 나와서 오전 10시부터 오후 7시까지 공부했다. 시험이 없는 토요일이면 학원에 나가 다 같이 영화를 보고 독후감을 썼다. 부원장 선생님이 치킨과 피자를 사 주시면 세상 행복했다. 나는 기억력이 좋지 않지만 그때 만난 교사들은 지금도 다 기억난다.

국어 선생님은 더러운 이야기로 우리를 웃겼다. '똥'과 '방귀' 이야기를 많이 했다. 그런데 이 국어 선생님 여자다. 수학 선생님도 특이했다. 본인 연애 상담을 어린 우리에게 물어보기도 했다. 하루는 이런 말도 했다.

"남자들은 대변 보다가 쉬 마려우면 일어나서 봐?"

지금 생각해 보면 참 어이없다. 하지만 이만큼 선생님들과 거리낌 없이 지냈다.

사회 선생님은 사막여우처럼 생겼다. 긴 생머리, 달걀형 얼굴, 큰 눈. 사회 과목은 다른 과목에 비해 유난히 외워야 할 것이 많았다. 선생님은 외워야 할 것을 노래로 만들어서 알려 주셨고 시험도 봤다. 그 노래 가끔 흥얼거린다.

영어 선생님은 통통했다. 웃는 모습이 순수했다. 본인이 고등학생 때는 날씬했다고 하며, 증명사진 보여 주는 걸 좋아했다.

누군가 내게 인생에서 언제가 제일 즐거웠는지 묻는다면 중학생 때 학원 추억을 말한다. 매일 성장하는 내가 보였다. 고등학교, 대학생 때는 뒤처지지 않기 위해 달렸다. 그러면 지금은 어떠한가. 당장 눈앞에 경쟁자가 보이지 않기 때문에 스트레스받을 일도 없다. 하지만 더 나은 삶을 살고 싶은 욕구는 언제나 있다. 다음은 내가 하는 실천하는 방법이다.

첫 번째, 목표를 설정한다. 아침에 일어나서 반드시 해야 할 일을 정한다. 목표는 구체적으로 설정해야 한다. 가령 목표가 한 꼭지의 글을 쓰고 세 권의 책을 40페이지씩 읽는 것이라고 정하자. 오늘 할 일은 글쓰기와 책 읽기가 아니다. 오전에 글을 쓰고, 점심 먹고 나서 책 읽기와 같이 구체적이어야 한다. 사람마다 다르겠지만 나는 계획표를 시간별로 세분화해서 나누는 것을 좋아하지는 않는다. 내가 기계처럼 움직인다고 느껴지기도 하고, 지키지 못했을 때 자신감이 떨어지기도 하기 때문이다. 그래서 오전, 오후 두 개의 그룹으로 나누어서 제일 중요한 목표만 우선하여 설정한다.

두 번째, 현재에만 집중하는 것이다. 직장인이라면 알 것이다. 같은 시간이라도 퇴근 전 1시간은 유독 긴 느낌이다. 몸은 회사에 있는데 머리는 퇴근 후 일을 생각하기 때문이다. 군대에 가서 힘든 훈련 중 하나가 행군이다. 무거운 군장을 메고 높은 언덕길을 오른다. 숨이 차고 몸이 무겁다. 다리가 움직이지 않아 무게중심을 앞에 두고 걷는다. 추운 겨울인데도 땀이 식을 줄을 모른다. 방탄 헬멧은 얼마나 무거운지 목이 꺾일 것 같다. 어깨에 메고 있는 총이라도 던지면 좀 살 것 같지만, 그랬다간 내가 영창으로 던져지겠지. 소대장이 잠시 쉬는 시간을 준다. 바닥에 주저앉는다. 그러고는 잠이 든다. 아니. 기절한다. 행군할 때는 아무 생각도 하지 않는다. 그저 앞에 가고 있는 동기의 뒤꿈치만 보며 걷는다. '앞으로 얼마나 가야 하나.' 생각하게 되면 아마 더는 가지 못했을 것이다. 삶도 행군과 다르지 않다고 본다. 현재만 생각하자. 인간의 뇌는 여러 일을 한

번에 처리하는 것이 불가능하다. 그렇게 보일 뿐이다. 하나를 처리하고 다른 하나를 처리하기 위해 신경이 왔다 갔다 하면 금방 피곤해진다. 목표를 정했으면 오직 하는 것만 집중한다.

세 번째, 자기 계발과 학습하는 것이다. 매일 조금이라도 새로운 것을 배우고 성장하는 노력을 해야 한다. 후회의 큰 이유 중 하나는 건설적인 삶을 살지 못했다고 생각하기 때문일 것이다. 토요일, 오랜만에 친구들을 만나 술을 마셨다. 기분 좋은 나머지 과음했다. 다음 날 잠만 잤다. 점심쯤 일어나서 밥을 먹고 침대에 누워 넷플릭스를 보다가 또 잔다. 그렇게 자고 일어났더니 저녁이다. 아직 월요일이 되지도 않았는데 일요일을 통으로 날린 기분이다. 만약 내가 운동을 했거나 카페에서 독서했다면 어땠을까. 그것도 아니라면 유튜브 〈세바시〉의 강연을 봤다면 하루를 날린 것에 대한 죄책감이 덜했을 것이다.

대학생 때, 카카오톡 성공 사례에 대해서 발표를 한 적이 있다. 발표가 끝나고 한 학생이 손을 들더니 질문했다.

"발표 잘 들었습니다. 궁금한 것이 있습니다. 카카오톡 김범수 의장은 그렇게 돈이 많은데도 왜 돈을 더 벌고 싶어 하는 건가요?"

질문에 대한 답으로 매슬로우의 5단계 욕구 이론을 말했다. 1차 욕구는 생리적 욕구지만 가장 최상위 욕구는 결국 '자아실현'이다. 김범수 의장은 카카오톡 하나로 모든 것이 가능한 시대를 만들고자 했다. 지금 어떻게 되었는가. 카카오톡으로 안 되는 것 빼고 다 된다. '자아실현'한 모습을 보여 준 것이다.

10년이 지난 지금 이 학생 질문을 떠올리며 이런 생각이 든다. '돈' 우리 MZ세대는 '돈만 많다면 행복할 텐데.'를 과거 어느 세대보다 강하게 가지고 살아간다. 돈으로 할 수 있는 일이 과거보다도 더 많아졌기 때문일까. 하지만 생각할 뿐, 현실적으로 돈을 잘 벌기 위한 어떤 노력도 하지 않는다. 아인슈타인은 이야기한다.

"어제와 똑같이 살면서 다른 미래를 기대하는 것은 정신병 초기 증세이다."

더 나은 삶을 살아가겠다는 마음과 행동이 일치할 때, 성공에 더 다가갈 수 있으리라.

인생을 반짝이게 하는 법

우리가 하는 행동 또는 습관 중 딱 하나만 좋게 바꾸면 어떤 것이 달라질까. 자기 전에 유튜브를 보는 대신 책을 10페이지 읽고 자기. 아침에 일어나서 10분 알람을 맞춰 놓고 더 자는 대신 일어나서 스트레칭하기. 밥 먹으면서 사색하기. 아마 아무것도 달라지지 않을 것이다. 당장은 말이다. 우리는 기존 습관을 바꿀 생각을 하지 않는다. 몇 번 시도해 보고는 이내 다시 원래 습관을 유지한 채 살아간다. RPG 게임을 하면 경험치가 있고 캐릭터 레벨이 있다. 게임에 나오는 괴물을 사냥하면 경험치가 오르고 게이지가 100%가 되었을 때 레벨 업을 한다. 레벨 업을 하면 내 캐릭터는 더 강해진다. 게임이 재미있는 이유다. 성장하는 것이 눈에 보인다. 사냥하는 것은 힘들고 지루하다. 같은 것을 무수히 반복한다. 막노동이 따로 없다. 하지만 현재 내가 얼마만큼 와 있는지 그리고 얼마만큼 가면 도착할 수 있는지 알 수 있다. 그래서 버틴다. 이후에 확정된 보상까지 있으니 못 버틸 이유가 없다.

　헬스클럽에 가면 천국의 계단이라고 불리는 기계가 있다. 러닝머신 계단 버전이다. 속도 조절도 할 수 있다. 나는 보통 8로 맞춰 놓고 시작한다. 1이 가장 낮고 위로 올라갈수록 계단이 빠르게 움직인다고 생각하면 된다. 이 운동을 5분만 해도 몸에서 열이 나고 이마에는 땀이 맺힌다. 6분, 7분이 지나가면 그만하고 싶다는 생각이 든다. 이때 나는 머릿속으로 경험치 게이지를 만든다. 내가 한 발 한 발 계단을 오를 때마다 이 게이지가 찬다고 생각하는 것이다. 게이지가 100%가 되었을 때 레벨 업, 즉 나는 체지방 감량이 된다고 상상한다. 신기한 것은 운동하고 10분이 넘어가면 아까만큼 힘들지 않다. 즉 고통이 같은 강도로 지속되지 않는 것이다. 마라톤 선수는 42.195km를 달린다. 마라톤 세계 신기록은 2시간 1분 39초다. 이것은 1등 선수 기록이다. 평범한 선수가 완주하기 위해서는 2시간 30분은 넘게 뛰어야 한다. 이게 어떻게 가능할까. 간단하게 수치화해 보겠다. 달리기를 시작하면 100이었던 체력이 급속도로 떨어지기 시작한다. 체력이 0에 되었을 때부터는 마이너스로 내려간다. 마이너스가 되었을 때, 우리는 그만하고 싶다는 기분이 든다. 하지만 체력은 뛰면서도 회복이 된다. 회복되는 체력과 떨어지는 체력이 맞아 들어가는 시점인 0에서 우리는 포기하지 않으면 계속 달릴 수 있게 되는 것이다.

이 간단한 사실만 알고 있더라도 우리는 무언가를 지속할 수 있는 힘이 생긴다. 내가 운동하면서 힘든 시점에 포기하지 않는 이유이다.

다이어트를 하고 금연을 하는 것이 왜 어려운지 아는가. 이 또한 변화가 즉각적으로 나타나지 않기 때문이다. 밤에 배가 고파서 과자를 조금 먹는다고 당장 살이 찌지 않는다. 만약 과자를 먹었는데 다음 날 10kg이 찐다면 다이어트에 실패하는 사람이 있을까. 금연도 마찬가지이다. 담배 한 개 핀다고 해서 건강이 나빠지지 않는다. 담배 한 개 피우면 폐암에 걸린다고 해 보자. 금연에 실패하는 사람이 있겠는가. 변화란 어려운 것이다. 물은 섭씨 100도가 되어야만 수증기로 변하고, 대나무 죽순은 땅속에서 대략 4년 5년의 세월을 가진 후에 땅 위로 솟아오른다. 이렇게 솟아오른 대나무는 하루 동안 최장 1m까지 자란다. 변화도 마찬가지다. 차곡차곡 쌓여서 역치값에 도달했을 때 눈에 보이기 시작하는 것이다. 만약 더 반짝이는 삶을 살고 싶다면 변화는 필요하다. 내가 생각하는 변화는 이 두 가지 조건이 충족되었을 때 일어난다.

첫째, 변화란 원래 어렵다는 사실을 인지하는 것이다. 앞서 말한 대로 변화는 즉각적으로 이루어지지 않는다. 하지만 어렵다는 것을 인식하기만 해도 우리는 고통을 견뎌 낼 수 있다. 견디다 보면 근육이 생긴다. 여기서 말한 근육은 기꺼이 버티는 힘이다. 고통과 함께 근육은 성장하고,

결국 우리는 변할 수 있다.

둘째, 변화를 위해서는 '자기 확신'이 필요하다. 영국의 총리를 지낸 윈스턴 처칠은 2차대전 당시 옥스퍼드 대학에서 졸업식 축사를 하게 되었다. 그는 위엄 있는 차림으로 천천히 단상에 올라갔다. 청중들을 모두 숨을 죽이고 그의 입에서 나올 근사한 축사를 기대했다. 처칠은 청중들을 천천히 둘러보며 힘 있는 목소리로 짧은 한 문장을 외쳤다.

"포기하지 마십시오."

연설이 끝난 것을 알아차리지 못하는 청중에게 한참 뒤 그는 소리를 높여 다시 외쳤다.

"절대로 포기하지 마십시오."

그래도 청중들이 다음 연설을 기다리자 "절대 절대 포기하지 마십시오."라고 외치곤 단상에서 내려왔다고 한다.

포기하지 않게 만드는 힘이 무엇인가. 자기 확신이다. 확신이 없다면 무엇을 하더라도 끝까지 할 수 없다. 중간중간 계속 의심과 불안이 생기기 때문이다.

인생은 선택의 연속이라는 말처럼 우리는 늘 선택한다. 퇴근하고 집에 와서 쉴까, 운동할까 선택해야 하고, 배달을 시킬 때도 스트레스를 풀어줄 매운 음식을 시킬까 칼로리가 적은 웰빙 음식을 시킬까를 선택해야 한다. 그뿐이겠는가. 유튜브와 인스타를 켜고 수도 없이 많이 올라온 영상 중에서 보고 싶은 것을 골라야 하며 아침에 일어나서는 5분 더 잘 것인가 일어날 것인가를 선택해야 한다. 인생을 반짝이게 하는 법이 궁금한 독자라면 나는 이렇게 말하고 싶다. 두 가지 선택지가 있을 때 더 하기 싫은 일을 하십시오. 이렇게 말하면 "너는 어떤데?"라고 반문하는 이가 분명히 있을 것이다. 그럼 나는 대답할 것이다. "항상 싫은 것을 선택하지는 못합니다. 하지만 싫은 것도 선택하려고 노력하며 살고 있습니다."라고 말이다. 우리의 노력이 함께 빛을 봤으면 좋겠다.

3

인간관계에서 승리하기

　새로운 사람을 만나는 것은 설레는 일이다. 나는 주변 사람에게서 사교성이 좋다는 이야기를 자주 듣곤 한다. 택시를 탔다. 나는 조용하게 운전만 하는 기사보다는 함께 이야기해 주는 사람이 좋다. 같은 거리를 가더라도 수다를 떨면 금방 간다는 느낌을 받기 때문이다. 서로를 알아 갈 필요는 없지만 세상 사는 이야기를 주고받다 보면 위로도 받고 서로 공감도 한다. 한 번은 기사 아저씨와 얘기하며 가고 있었다. 기사 아저씨는 승객들과 말하며 가는 것을 좋아한다고 한다. 하지만 승객 성향에 따라서 귀찮아하는 승객이 많아 이제는 운전만 한다고 했다. 그런 이유에서일까. 언제부턴가 택시를 타면 운전만 하는 기사가 많다. 나는 그럴 때 먼저 말을 건넨다. 날씨 이야기, 장사는 잘되는지, 최근 지역에서 일어난 이슈 등 기사 아저씨가 쉽게 이야기할 수 있는 주제를 꺼낸다. 인간관계를 맺음으로써 얻을 수 있는 이점은 의도치 않은 배움이 있고 그에 따른 긍정적인 결과가 있다.

나는 볼링 치는 것을 좋아한다. 군대 휴가를 나오면 혼자 볼링장에 가서 다섯 게임, 여섯 게임을 하곤 했다. 오전에 가면 게임비가 저렴했기 때문에 주로 오전에 볼링장을 갔다. 볼링장에 도착하면 볼링장 사장에게 웃으며 인사를 건네고 레일로 갔다. 오전엔 조용하기 때문에 볼링을 치면서 카운터에 혼자 앉아 있는 사장과 이야기하기도 좋았다. 그렇게 떠들다 보니 우리는 금방 친해졌다. 부탁한 적 없었다. 하지만 사장은 볼링 초보인 나를 알려 주겠다며 기꺼이 본인 시간을 내게 써 주었다. 그래서 나는 무료로 볼링 강습을 받았다. 볼링만 아니라 당구도 그렇게 사장한테 배웠다. 선수에게 배운 것은 아니라 전문적이지는 않겠지만, 친구와 내기해서 이길 정도 수준은 갖게 되었다. 친구를 데리고 볼링장에 가면 주말 오후인데도 평일 오전 요금을 받으셨다. 특별대우 받기 위해서 친해진 것은 아니다. 사람이 좋아서 관계를 맺었고, 그 사람도 내가 마음에 들었기에 기꺼이 베푸는 것이다.

대학생 때도 마찬가지다. 내게는 대학생인 친동생이 한 명 있다. 같이 이야기하다 보면 나와 다른 점이 많다. 특히 학교에서 교수에게 받은 과제를 누구보다 성실히 해내려고 한다. 그뿐만 아니라, 똑똑하기도 해서 교수가 수업 시간에 잘못 설명했다 싶으면 찾아가 정중히 물어본다. 어릴 적부터 무언가에 집중하면 방에서 두세 시간 동안 나오지 않았다. 나는 이것을 어머니에게 물려받은 '몰입' 능력이라고 생각한다. 반면 나는 아버지에게 '사교성' 능력을 물려받았다. 대학교 다닐 때 과제를 동생처럼 치열하게 해 본 적 없다. 그렇게 한다는 것 자체가 비효율적이라는 생각이 들었다. 과제는 학점에 겨우 10퍼센트밖에 들어가 있지 않은데 차라리 과제할 시간에 시험공부를 더하자는 생각이었다. 나는 내 강점을 살렸다. 발표 점수와 참여 점수는 항상 만점에 가깝게 받았고, 시험 성적 또한 내 능력보다 좋게 받았다. 경영학과에서는 시험문제가 대부분 주관식이다. 객관식처럼 맞았다 틀렸다는 기준이 명확하지 않다. 시험문제를 채점하는 교수의 주관이 들어갈 수밖에 없다. 모든 수업 시간에 나는 맨 앞자리에 앉았고, 손을 들어 질문도 열심히 했다. 그 덕분에 교수와 친해질 수 있었다. 내 성적을 위해서 교수와 친해진 것 아니다. 짧으면 한 학기, 길면 4년 동안 볼 사람이라면 친하게 지내는 게 좋겠다 싶어서였고 그에 앞서 나는 그냥 사람을 좋아했다.

남보다 쉽게 인간관계를 맺을 수 있었던 이유가 무엇일까. 내 비법은 크게 세 가지다. 첫째, 나는 말하는 이에게 공감을 잘한다. 공감을 잘하는 이유는 거울 뉴런이 많기 때문이란 생각이 든다. 어릴 적 텔레토비를 보면 태양은 아이 얼굴이다. 개그콘서트나 웃찾사를 보면 방청객이 웃고 있는 장면을 보여 준다. 이는 시청자의 거울 뉴런을 자극하기 위해서다. 사람은 누구나 거울 뉴런을 가지고 있다. 다른 말로는 공감 능력이다. 다른 사람들의 감정을 이해하고 공감해 주는 것만으로 좋은 인간관계를 만들 수 있다. 공감을 잘하기 위해서는 어떻게 해야 하는가. 다른 이의 말에 관심을 보여 주면 된다. 관심을 보여 주는 것만으로도 그 사람은 존중받는다고 느낄 테니까 말이다.

내가 사람을 잘 사귈 수 있는 두 번째 이유는 공통 관심사를 찾으려고 하기 때문이다. 보통 남의 이야기가 재미없는 이유는 내 관심사가 아니기 때문이다. 궁금하지도 않은 이야기를 계속 듣고 있으면 지루하다. 하지만 다행히도 사람들은 여러 가지의 관심사를 가지고 있다. 그중 나와 관련된 것이 하나쯤은 있다. 한번은 이런 일이 있었다. 옆에 앉은 P 선생님이 궁금하지도 않은 이야기를 한다. 자신이 가르쳤던 애들 사진을 보여 주면서 이 아이는 어떤 아이고 이 친구는 어떠했는지를 설명한다. 나는 전혀 알지도 못하는 아이들이다. 거기다가 특별하거나 흥미 가는 내용이 있는 것도 아니다. 그러다 아이가 들어가 있던 수영장이 눈에 들어왔다. 그렇게 수영 이야기로 대화를 해 나갔다. 관심사는 찾고자 하면 분명 발견할 수 있다. 그럼 들어 주는 일방적인 대화가 아닌 즐거운 대화가 될 것이다.

셋째, 장점을 발견하고 칭찬해 주기다. 내겐 정말 소중한 재능이다. 나는 다른 이를 볼 때 단점보다는 장점이 많이 보인다. 그리고 그 장점을 서슴없이 말한다. 잘 보이고 싶어서 하는 행동이 아니다. 칭찬의 중요성을 알고 있어서도 아니다. 이렇게 하는 것이 내게는 자연스럽다. 자연스러운 행동을 한 것뿐인데 시간이 지나면서 나를 좋아해 주는 사람이 많아졌다.

소개팅에 가든지, 새로운 사람을 만나러 가든지, 처음 보는 이에게 무슨 말을 해야 할지 고민하는 사람이 적지 않다. 나는 이런 말을 해 주고 싶다.

"많은 것을 말할 필요 없습니다. 관심 주제를 찾고 들어 주세요."

말하는 것보다 더 어려운 것은 듣는 것이다. 하지만 어려운 만큼 다른 이에게 사랑을 받을 수 있는 일이기도 하다. 신이 인간에게 하나의 입과 두 개의 귀를 준 것은 잘 들으며 살라는 뜻 아니겠는가. 신의 뜻을 받아들인다면 우린 분명 더 행복해질 것이다. 입이 두 개이지 않아 천만다행이다.

4

사소한 습관이 인생을 완성한다

인호는 오래된 내 친구이다. 오늘은 인호 이야기를 들려주고 싶다.

인호는 어렸을 때 학교 앞 문방구에서 불량 식품을 자주 먹었다. 친구들과 함께 먹는 것이 즐거웠고, 그때는 별생각이 없었다. 특히 맥주 모양 사탕을 즐겨 먹었다. 게임도 좋아했다. 캐릭터를 레벨 업하고 성장시키는 것은 즐겁기 때문이다. 인호가 제일 좋아하는 시간은 학원 마치고 친구들과 피시방에 가서 게임을 하는 시간이었다.

시간이 흘러 성인이 되었고 직장에 들어갔다. 처음 해 보는 사회생활은 만만치 않았다. 주어진 일을 아직 끝내지도 못했는데 또 다른 일이 들어왔다. 여러 업무를 하다 보니 실수하는 일도 많았다. 인호의 상사 김 대리가 말한다.

"인호 씨, 일 자꾸 이런 식으로 할 거예요?"

김 대리 밑에서 일하기 싫었다. 제대로 알려 준 적 없었으면서 화만 낸다고 생각했다. 김 대리 잔소리를 듣고 나면 기분이 상해, 하던 일도 하기가 싫었다. 옥상으로 올라갔다. 불공평하다. 나만 일이 많은 것 같다. 담배를 피우며 머리를 식혀 본다. 퇴근 시간이 되었다. 눈치를 보며 퇴근해야 하는 회사가 싫다. 집에 가는 동안에도 미처 하지 다 못한 업무들이 떠올라 인호의 머릿속을 괴롭혔다.

집에 가는 길에 술을 한 병 산다. 일 끝나고 마시는 술은 세상 달다. 성인이 되고 나서는 부모도 인호를 터치하지 않는다. 방에 들어가 컴퓨터를 켠다. 게임 중독에 걸렸다. 매일 새벽까지 게임을 하니 아침에 피곤할 수밖에 없다. 인호는 몇 달 사이 확 뚱뚱해졌다. 일상생활에서 받은 스트레스를 먹는 것으로 풀었기 때문이다. 늦은 시간까지 게임을 하며 야식과 술을 먹었다. 회사 생활도 위태했다. 일하는 동안 집중하지 못했다. 일은 지루했고 출근은 지옥이었다. 인호는 퇴근 후 빨리 게임을 하고 싶다고 생각했다. 열정이 없으니 직장에서 성과를 내지 못했다. 그로 인해 상사와 동료와의 갈등도 생겨났다. 담배를 피우러 나가는 횟수가 늘어났고, 그를 달갑게 볼 직원은 없었다. 얼마 버티지 않고 인호는 퇴사했다.

사실 내가 말한 인호는 '가상의 인물'이다. 하지만 '실제 인물'이기도 하다. 자신의 이야기처럼 느낀 독자가 분명히 있을 것이기 때문이다. 내가 초등학생 때 동네에 피시방이 많이 생겼다. 그곳에 가면 남는 자리가 거의 없었다. 남학생에게 피시방은 최고의 놀이 공간이었다. 게임만 해도 즐거운데, 그 즐거운 일을 친구와 함께한다. 시간이 어떻게 가는지도 몰랐다. 나는 약속한 시각보다 늦게 들어와 어머니께 거짓말을 하기도 했다.

사회 초년생이 된 시점에서 다짐한다. '회사 생활 정말 열심히 해서 인정받으며 다녀야지.' 하지만 실제로 겪는 사회생활은 만만치 않다. 멍청하기 때문일까. 아니다. 우리는 이것을 '경험 부족'이라고 말한다. 나는 공군을 전역했다. 공군에는 명문대 재학 중인 사람이 많다. 내 후임 중에도 명문대를 나온 친구들이 많았다. 심지어 서울대학교에 다니는 후임도 있었다. 그 친구는 이등병 때 일을 못했다. 서울대학생이라는 선임들의 기대 때문에 군 생활이 힘들었다고 말한다. 일 못하는 이유는 절대로 멍청해서가 아니라는 걸 말하고 싶다.

본론으로 들어와서 그렇게 우린 힘겹게 사회생활을 시작한다. 그리고 이때부터 안 좋은 습관이 하나, 둘 늘기 시작한다. 대표적으로 흡연, 음주, 불규칙한 식습관, 운동 부족, 미루는 습관이 있다. 그중 가장 큰 문제는 바로 스마트폰 중독이다. 아침에 눈을 뜨는 순간, 카톡을 열고 메시지를 확인한다. 씻고 오면 밥 먹는 동안 유튜브를 본다. 출근길에는 SNS

를 하고, 회사에서 일하는 동안에도 틈틈이 핸드폰을 본다. 퇴근하고 오는 길에도 SNS를 하며 좋아하는 가수의 노래를 듣는다. 집에 도착해서는 스마트폰으로 쇼핑하고 또 SNS를 한다. 자기 직전에는 유튜브나 웹툰을 보다가 잠이 든다. 스마트폰 중독에 빠지면 발생하는 여러 문제가 있지만, 가장 큰 문제는 사색하는 시간이 없어진다는 것이다. 발전하고 성장하고자 하는 욕구가 줄어들고, 그냥 물 흐르듯 현재에 안주하며 살아간다. 그래서 5년 전과 바뀐 것이 없다. 한 가지가 있다면 외형일 것이다. 나보다 나이가 한참 많은 50대 이상의 분들과 이야기를 나눠 보면 생각이 깊어 존경심이 절로 생기는 어른이 있다. 특히 내가 미처 생각하지 못한 부분들을 말해 줄 때면 옛 속담 틀린 것 하나 없다고 생각한다. '어른 이야기 잘 들으면 자다가도 떡이 생긴다.' 반면, 나이가 많음에도 불구하고 속된 말로 '나잇값'을 못 한다는 생각이 드는 어른도 있다. 이 두 부류의 차이점은 무엇일까. 여러 가지가 있겠지만 사색하는 시간을 얼마나 잘 가지며 살았는가이지 않을까.

스마트폰 사용이 꼭 나쁘다고는 말할 수 없을 것이다. 칼을 사람에게 쓰면 살인이 되고 음식에 쓰면 요리가 되듯 스마트폰을 잘 사용하면 세상에 둘도 없는 스승이 될 수 있고 잘못 사용하면 중독에서 빠져나올 수 없는 마약이 될 수도 있다. 스마트폰 사용 시간을 줄이고 싶은데 의지가 부족해서 그렇게 하지 못하는 이가 분명히 있을 것이다. 나는 이들에게 취미 생활을 늘리는 방법을 추천해 주고 싶다. 악기를 배울 수도 있고 춤을 배울 수도 있다. 또는 자기 계발을 위한 강의를 들을 수도 있다. 나는 탁구를 배우는데 탁구 치는 동안에는 휴대전화에 전화가 오지 않는 이상 절대 핸드폰을 보지 않는다. 지금 이 순간 내게 중요한 것은 상대방이 치는 공을 다시 쳐 내야 한다는 생각 그 하나뿐이다. 이렇듯 무엇인가를 집중하는 시간만큼은 핸드폰을 하지 않는다. 사소한 행동이 쌓여 습관이 된다. 스마트폰을 내려놓는 습관이 건설적이라면 그 습관은 분명 인생을 더 나은 방향으로 만들어 줄 거라 믿는다.

"성공은 훌륭한 습관들의 합입니다."

– 아리스토텔레스 –

5

좋은 말, 그렇지 않은 말의 차이점

음식점에서 여자 친구와 밥을 먹는 중 우연히 옆 테이블 이야기가 들린다. 곁눈질로 살짝 쳐다봤다. 20대처럼 보이는 젊은 남자와 여자가 이야기하고 있다.

남자: "저는 담배 피워 본 적 없어요."

여자: "저는 이런 소개팅 자리가 정말 처음이에요."

연애를 시작하기 전에 서로 호감이 있는 상태를 우리는 '썸'이라 부른다. 썸 단계에서는 서로에게 잘 보이기 위해서 온갖 노력을 한다. 싸울 일도 없다. 이 모습을 보면 마치 썸을 타고 있는 남녀 모두 부처와 예수 같다. 자비롭고 인자하기 때문이다. 상대가 어떤 말을 하던 할 수 있는 최고의 멘트로 받아친다. 상대에게 잘 보이고 싶은 마음만큼이나 외면에도 신경을 쓴다. 바르지 않던 왁스를 바르기 시작하고, 유튜브를 켜 의상

코디에 대해 공부도 한다. 상대를 만나는 날이면 서로를 만나기 전까지 거울을 수십 번은 볼 것이다. 그렇게 썸이 계속되다가 서로의 마음에 어느 정도 확신이 들면 한쪽이 고백해서 사귀게 된다. 사귀기 전에는 내 마음을 표현하는 것이 자유롭지 못하다. 이 글을 읽는 독자도 짝사랑한 기억이 있을 것이다. 내 진심을 마음껏 표현하지 못하는 것은 꽤 답답하다. 보고 싶다고, 하루 종일 생각 난다고 이야기한다면 그 자체가 상대에게 부담이 될 수 있기 때문이다. 만약 내가 좋아하지 않는 상대방이 자꾸 나를 좋다고 하면 어떻겠는가. 나는 어떠한 감정도 없는데 사랑한다고 한다면 싫지 않겠는가. 그래서 우리는 상대의 마음을 얻기 위해 '좋은 말'만 한다.

연애 초반, 사랑에 빠져 힘들다는 사실을 모른다. 나는 대구에 살고 있었고 여자 친구는 인천 영종도에 살고 있었다. 금요일, 7시에 일이 끝나면 경산에서 대구로 빠르게 운전해서 달려온다. 체육복을 입고 있기 때문에 남친룩으로 급하게 옷을 갈아입고, 동대구역으로 간다. KTX를 타고 서울역에 내린 후, 공항철도를 타고 다시 운서역으로 넘어간다. 회사에서 집까지 1시간, KTX에서 2시간, 공항철도를 타고 1시간. 매주 그렇게 다녔다. 힘들었을까. 전혀 아니다. 가는 시간이 즐겁다. 내 주변에 친구들을 보아도 비슷하다. 애인을 행복하게 해 주려고 꽃을 사기도 하고, 해 달라고 하는 것은 뭐든 다 해 줄 기세다. "별도 따다 줄게."라는 말이 괜히 있는 것이 아니다. 연애 초반처럼 상대방을 대하면 세상은 꽤 아름답지 않겠는가. 연애할 때 상대방 대하듯 회사 생활을 하면 어떨까 상상해 본 적이 있다. 누구나 그렇듯 회사 생활을 하다 보면 상사, 동료의 말에 상처를 받기도 한다.

'저 사람은 왜 이렇게 자기감정만 앞세워서 말할까.'라는 생각이 든다. 이 정도로만 생각하면 다행이다. '지는 얼마나 잘났다고.' 마음에 상처를 준 상대를 다른 이에게 뒷담화하기도 하고 저주하기도 한다. 반면 상사 입장은 '일을 왜 이렇게 못하는 거야.' 생각할 수도 있고, '저 사람은 생각하고 일을 하는 걸까.' 하며 답답할 수도 있다. 문제는 항상 마음에 여유가 없을 때 생긴다. 내게 여유가 없기에 상대의 감정을 신경 쓸 수가 없는 것이다. 가령, 후배에게 일을 시켰는데 결과물이 기대에 많이 못 미치는 상황을 가정해 보자. 후배의 미숙한 일 처리 능력 때문에 내가 처리해야 할 일이 많아졌다. 심지어 오늘은 어머니 생신이라서 일찍 들어가야 하는데 야근을 하게 생겼다. 기분이 어떨까. 좋은 말을 할 수 있을까. 바로 짜증부터 날 것이다.

"이게 최선이야?", "이걸 지금 다 했다고 하고 가져왔어?", "생각 좀 하자."

이렇게 말하면 내 기분이 좀 풀릴까. 해야 할 일이 없어질까. 말은 하는 순간 사라지지만 그로 인한 결과는 온전히 남게 된다. 그 말을 들은 후배는 근로 의욕이 사라질 것이다. 욕을 듣고도 멀쩡한 사람, 적어도 내 주위에는 한 명도 없다. 근로 의욕이 사라진다면 일의 효율성도 낮아지고 그 책임은 상사인 내게 다시 돌아온다. 다시 짜증을 내고 이 악순환이 반복된다. 선배의 막말을 버티지 못한 후배가 퇴사하게 된다면, 그 일 모두 내가 해야 한다. 이러한 결과를 알고 있다면 쉽게 짜증을 낼 수 있을까.

그렇다면 좋은 말이란 무엇일까. 후배가 일을 잘못한 상황에서 어떻게 말을 하는 것이 좋았을까.

"처음 봤을 때 짜증이 났어. 미흡한 부분이 좀 보였거든. 그래도 하느라고 고생했어. 다행인 건 충분히 수정, 보완하면 좋아질 것 같아. 조금 늦게 퇴근하더라도 최대한 속도 내서 해 보자."

먼저 자신의 감정을 상대방이 감당할 수 있을 정도로만 표현한다. 그 감정이 생긴 이유에 대해서 말해 준다. 그리고 상대의 감정도 알아준 후, 앞으로 해야 할 해결책에 집중한다. 이와 관련된 내 이야기를 해 보겠다.

혜화역에서 연극을 보고 돌아오는 길이었다. 여자 친구는 탕후루를 사들고 차를 탔다. 탕후루란 닭꼬치라고 생각하면 된다. 닭 대신 과일과 그걸 감싸고 있는 설탕이 있는 것이다. 탕후루는 포장지 안에 감싸져 있었다. 여자 친구는 나무 꼬챙이에 종이컵을 끼우기 위해 탕후루를 감싸고 있는 종이호일을 나한테 주었다. 그러자 갑자기 이물질이 떨어졌다.

"똑바로 들고 있어야지, 이렇게 들고 있으면 어떻게 해. 다 흘렸잖아."

화가 나 있다.

나는 억울했다. 짜증도 났다. 억울한 이유는 주는 대로 받아서 들고 있었을 뿐이고, 신호가 걸리긴 했지만 나는 운전 중이기에 신경 쓸 부분이 많았다. 짜증이 난 이유는 나한테 짜증을 냈기 때문이다. 하지만 신경질로 받아치지 않았다.

"오빠가 이거 제대로 안 들고 있어서 짜증이 났구나. 미안해. 떨어진 건 잘 닦여? 물티슈 더 줄까?"

5분도 채 지나지 않아 여자 친구 기분이 풀렸다. 짜증을 낸 것이 미안했는지 내 오른쪽 팔에 기댔다. 내가 여기서 짜증을 내지 않은 이유는 짜증을 냈을 때보다 그러지 않았을 때 결과가 더 좋다는 것을 알고 있었기 때문이다. 영어로는 기브 앤 테이크, 주는 만큼 돌려받는다는 말이 있다. 어차피 내게 다시 돌아온다면 좋은 말하며 사는 것도 괜찮지 않겠는가.

6

아부와 칭찬의 경계

회사에서 스포츠 데이를 하는 날이다. 스포츠 데이엔 회사 사람들과 스크린 야구도 하고 볼링장도 가고 당구장도 간다. 한마디로 노는 날이다. 마무리로 회식한다. 남자만 있는 회사다 보니 다들 스포츠 데이를 좋아한다. 우리 대표는 고등학생 때까지 육상을 했다. 173cm 평균 키에 날씬한 체형을 가지고 있는 대표는 배드민턴, 당구, 골프 못하는 운동이 없다. 물론 일반인 기준에서 잘하는 정도지만, 내가 봤을 때 운동신경이 좋다. 대표랑은 한 번도 스크린 야구를 가 본 적 없지만, 왠지 잘할 것 같은 생각에 말을 꺼냈다.

"대표님은 스포츠는 왠지 다 잘할 것 같아요."

스크린 야구장에 도착했다. 여덟 명이 갔다. 스크린 야구를 하는 곳에는 한 명만 들어갈 수 있다. 부장은 두산 팬이고 J 선생님은 삼성 팬이라

두산과 삼성으로 팀을 나누었다. 나는 대표와 같은 팀이었다. 상대편에 있던 새로 온 초임 선생님이 공을 잘 친다. 9회 말 스트라이크를 치는 바람에 우리 팀이 졌다. 대표는 나보다는 잘했지만 뛰어날 정도로 잘하지는 못했다. 오히려 우리 팀 에이스는 대리였다.

내가 이 이야기를 꺼낸 이유가 있다. 서울로 떠나기 위해 대구에서 퇴사한 날 대표와 많은 이야기를 했다. 덕담을 주고받았다. 그중 하나가 아직도 기억에 남는다.

"석부야, 너라는 사람은 잘 알겠어. 그런데 다른 사람이 보기에 네가 하는 말은 아부로 들릴 수도 있으니까 조심하면 좋을 것 같아."

"어떤 부분 때문에 그런 말씀을 하시는지 알 수 있을까요?"

"음……. 예를 들면, 우리가 스포츠 데이 하는 날, 너는 형이 잘하는 걸 본 적이 없는데 잘할 것 같다고 말했잖아. 그런 행동이 다른 사람이 보기에는 나한테 잘 보이고 싶어서 하는 거라고 보일 수 있거든."

아부와 칭찬. 그 둘은 무엇으로 구분할 수 있을까. 자기보다 높은 지위를 가진 사람에게 좋은 말을 하면 그것은 아부가 되는 것일까. 그렇지 않다. 아부와 칭찬을 나누는 기준은 지위가 아닌 의도와 진정성이다. 아부와 칭찬은 모두 긍정적인 평가를 표현하는 점에서 비슷하다. 둘 다 상대방의 기분을 좋게 만들어 주기 때문이다. 하지만 아부는 잘 보이기 위해서, 또는 어떤 목적을 달성하기 위해서 상대방의 능력이나 행동과 상관없이 하는 말이다.

　가령 회식 때 직장 사람들과 노래방을 갔다. 부장이 노래를 부른다. 속으로 생각한다. '더럽게 못 부르네. 저기서 저 음이 아닌데.' 그러다 부장과 눈이 마주친다. 벌떡 일어난다. 테이블에 놓여 있던 탬버린을 들고 노래방 기계 앞으로 나와 막춤과 함께 탬버린을 맹렬히 흔든다. 노래가 끝나면 말한다.

"가수인 줄 알았어요. 복면가왕 나가도 되겠는데요."

　나는 지금 칭찬한 것일까. 아부한 것일까. 의도를 살펴보자. 잘 보이고 싶은 의도가 보인다. 하지만 저 말에는 진정성이 없다. 진정성은 머리로 생각하는 것과 말로 하는 것이 일치해야 한다. 진정성의 측면에서 보면 못 부른다고 생각했으면 못 부른다고 말해야 한다. 물론 하고 싶은 말을 다 하며 사는 사람은 친구가 없을 수 있기에 그냥 안 하는 편이 낫기도 하겠다. 적어도 잘 보이기 위한 거짓말은 하지 않는 것이 낫다. 의도와 진정성으로 판단해 보면 지금 한 말은 아부이다. 그러면 이제 또 다른 상황을 가정해 보자. 대리는 테니스를 5년 동안 쳤다. 하지만 탁구는 한 번도 쳐 본 적이 없다고 한다. 오늘 처음 대리와 탁구장을 갔다. 테니스와 탁구는 다르다. 라켓을 잡는 법부터 알려 준다. 자세를 잡아 주고 반대편으로 와서 핑퐁을 한다. 여러 명과 탁구장에 가 본 적 있지만, 처음인데 주고받기를 50번 이상 하는 사람은 처음 본다. 심지어 공의 궤적도 안정적이다.

"부라보. 대리님 탁구 정말 잘 치시는데요? 일부러 안 쳐 본 척했던 거 아니에요?"

우리는 이러한 상황을 칭찬이라고 말한다. 의도와 진정성 기준에서 보자. 상대방을 기분 좋게 하려는 의도가 있다. 하지만 잘 보이고 싶어서 말한 것은 아니다. 진정성 측면은 어떨까. 속으로 잘 친다는 생각이 든다. 상대방이 테니스를 오래 쳤기 때문에 반응속도가 뛰어나단 생각을 했다. 테니스와 탁구는 실제로도 많은 관련이 있다. 영어 단어만 봐도 알 수 있다. 탁구를 테이블 테니스라고 말하지 않는가. 상대방의 능력을 보고 잘 친다고 말한다. 진정성 있다. 그래서 이것은 칭찬이 되는 것이다.

다른 사람은 어떠한지 모르겠다. 나는 누군가를 만날 때 단점보다는 장점이 훨씬 더 많이 보인다. 개그맨 김제동은 이런 말을 한 적이 있다. "사연이 없는 사람은 단 한 명도 없다." 나는 이 말을 다르게 하고 싶다. "장점이 없는 사람은 단 한 명도 없다." 내 친구인 동채는 생각이 참 많다. 카톡이 왔다.

"석부야, 전쟁이 나서 네가 북한군 포로가 되었어. 두 가지 선택이 있어. 하나는 전향하지 않고 아오지 탄광에 가서 먹지도 못하고 매일 고생하는 선택지고, 다른 하나는 어느 정도 의식주를 보장받으며 북한군이 되는 거야. 어떤 선택을 할래?"

나는 상상력이 그다지 풍부하지 못하다. 그래서 저러한 상상을 해 본 적이 없다. 누군가 동채에게 말했다. "쓸데없는 생각 좀 하지 마라." 쓸데 없다, 있다를 판단하는 기준은 무엇일까. 현재 내게 도움이 되냐 그렇지 않냐다. 하지만 전쟁은 일어날 수 있고, 포로가 되는 상황이 올 수도 있 다. 이것저것 상상하며 살면 어쩌면 일어날 많은 일에 대해 미리 한번 생 각해 본다는 뜻이기도 하다. 이런 상상력이 실제 그 상황에 직면했을 때 더 현명한 선택을 할 수 있도록 돕지 않겠는가. 그의 장점은 상상력이다. 나는 나이와 성별을 떠나서 칭찬을 많이 하며 산다. 그렇게 살다 보니 나 를 닮고 싶어 성격이 변했다는 친구도 생기고 좋은 사람도 많이 생겼다. 칭찬을 자연스럽게 해 주는 사람이 많아진다면 우리가 사는 세상 좀 더 아름다워지지 않겠는가.

7

독서에서 즐거움 찾기

세상에는 재미있는 것들이 많다. 쇼핑, 맛집 가기, 전시회, SNS, 유튜브, 플리마켓, 웹툰, 게임 등 셀 수도 없다. 한 가지 빠트렸다. 독서. 이해가 안 될 수도 있다. 하지만 적어도 내 책을 읽는 독자라면 공감해 줄 것이다. 내 주변에 독서와 사랑에 빠진 사람이 있다. 대학생 때 내 멘토였던 권상집 교수 이야기를 해 보려 한다. 권상집 교수는 게임 관련 회사를 잠깐 다닌 적이 있다고 한다. 게임 회사이다 보니까 근무 시간 중 의무적으로 게임을 해야 하는 시간이 있었다. 교수는 게임을 하는 것이 싫어 몰래 화장실에서 가서 책을 읽었다고 한다. 충격적이었다. 일하기 싫어서 몰래 화장실에 가 핸드폰 게임을 하는 사람은 봤어도 게임을 하기 싫어 독서하는 사람은 처음 봤기 때문이다.

책을 읽기 힘든 이유는 즐겁지 않기 때문이 아닐까. 어떤 책을 읽느냐에 따라 독서는 즐거울 수도 있고, 힘들 수도 있다. 내 경우, 흥미진진한 소설책을 읽는다면 그 뒤에 나오는 내용이 궁금해서라도 자꾸 읽게 된다. 하지만 500페이지가 넘는 전문 서적을 보면 20장을 채 넘기기도 힘들다. 책을 읽다 보면 딜레마에 빠진다. 소설책을 다 읽으면 남는 것이 없는 기분이다. 재미는 있지만 그게 끝이다. 어휘력이 좋아지고 상상력이 풍부해진다고 하지만 실제로 체감되지 않는다. 전문 서적은 필요해서 읽는 경우가 많다. 잘 읽히지도 않을뿐더러 읽어야 할 분량도 많아 한 번도 끝을 내 본 적이 없다. 오늘은 소설책을 읽는다. 재미를 선택한 대가로 유익함을 포기한다. 불안하다. 소설책을 읽는 내내 '도움이 되는 책을 읽어야 하는데.' 생각에 집중이 안 되기 때문이다. 반면, 유익함을 선택하면 얻는 것이 없다. 중도 포기하기 때문이다. 그런 내가 독서가 즐거워지는 사건이 있었다.

결론부터 말하면 '병렬 독서'를 시작했다. 최소 두 권에서 세 권의 책을 꺼내어 놓는다. 책은 자기계발서, 흥미가 있는 책, 도움이 되는 책(블로그, 경제), 그날 잡히는 책을 가지고 간다. 동네에 있는 스타벅스에 앉아 디카페인 아메리카노를 마시며 독서를 시작한다. 처음 책을 펼칠 때는 어떤 내용을 다루고 있을지 기대된다. 처음 만나는 사람이 설레는 것처럼, 책과 처음 만나는 순간도 설렌다. 40페이지쯤 읽고 책장을 덮는다.

만약 이번 목차 중 소주제가 끝나지 않는다면 끝날 때까지 읽는다. 더 읽고 싶을 때가 많다. 하지만 미련 없이 다음 책을 펼친다. 똑같은 방식으로 네 권의 책을 읽다 보면 네 명의 작가를 만나기 때문에 책 읽는 시간이 꽤 즐겁다.

일요일 아침, 책을 들고 카페를 갔다. 이례적이다. 평일 책을 읽는 것으로도 모자라 주말까지 책을 읽다니. 에어컨 밑에 앉아서 한참 책을 읽었다. 화장실에 가기 위해 일어났는데 어지럽다. 에어컨 바람을 맞으며 시간 가는 줄도 모르고 책을 읽은 탓이다. 하지만 뿌듯했다. 독서하기 힘들 때는 분명히 있다. 독서한다는 것은 헬스장을 가는 것과 비슷하다. 헬스장까지 가자고 마음먹고 행동하기가 힘들 뿐, 가면 몸이 알아서 운동한다. 독서하는 것도 의자에 앉아서 책을 펴기까지가 힘들 뿐, 일단 펴서 읽기 시작하면 머리가 알아서 글 내용을 받아 준다. 전에 다른 주제에서 행동하면 유익이 되는 것과 행동하지 않으면 손해가 되는 것 중 사람은 어디에 더 예민할까에 대해 언급한 적 있다. 아마 글을 쭉 읽으며 온 독자라면 알 것이다. 이 이야기가 끝날 때쯤 당신은 책을 읽고 싶어질 것이다.

개미나 꿀벌 같은 친구들은 누가 가르쳐 주지 않아도 자기 역할의 일을 알아서 해낸다. 자기가 무슨 일을 해야 할지 DNA에 들어있기 때문이다. 이는 우리 인간도 마찬가지다. 원시 시절부터 그랬듯, 누가 딱히 가르쳐 주지 않아도 밥을 먹고 친구를 사귀며 연애도 했다. 그러나 먹이 사슬 중간에 있던 나약한 인간이 최상위 포식자에 등극하면서 우리 사회는 점점 더 복잡해지기 시작했다. 법과 관습이 생겼다. 새로운 직업도 나왔다. 인간관계는 복잡해졌다. 인간은 이제 DNA 속 지식만으로 '잘' 살 수가 없게 되었다. '잘' 살아가기 위해 우리는 그에 맞는 새로운 정보들로 무장할 필요가 생겼다. 칼에 찔리면 아프다는 정보를 배운다. 굳이 피를 보지 않아도 칼을 조심할 수 있게 된다. 이 정보는 우리가 시행착오를 겪지 않도록 하고 훨씬 더 나은 선택을 하게끔 만들어 줬다. 그런데 우리는 반드시 죽게 되어 있다. 아무리 지식을 뇌 속에 저장해도 그 사람이 죽으면 뇌도 같이 죽고 그 안에 들어 있던 정보는 사라진다. 말로 설명하기 어려운 귀한 정보도 말이다. 그래서 옛날에는 캐릭터가 죽으면 다시 시작해야 하는 난이도 끝판왕이었다. 그러나 5000년 전, 똑똑한 메소포타미아 수메르인 몇 명이 뇌 바깥에다가 정보를 저장하는 획기적인 수단을 개발하게 된다. 그 이후 모든 것이 180도 바뀐다. 어떤 것을 개발했을까. 바로 '글'이다. 글은 말로는 다 전하지 못할 수많은 고급 정보를 외부에 저장할 수 있게 만들어 주었다. 수천 년 단위의 역사, 과학, 종교, 연애, 요리법, 싸움법까지 모두 말이다. 전문 지식 또한 계승하는 것이 가능해졌다. 글은 사람이 죽더라도 새로 시작할 필요 없이 다른 사람의 능력치를 '불러오기' 하는 치트 키가 된 것이다. 책에 담긴 수백 년짜리 정보는 업계 최고의 전문가들이 시행착오를 겪고 고생했던 긴 시간을 천 배 이상 절약하고 건너뛰게 할 수 있게 만들어 줬다. 개인이 아무리 고생해도 얻을 수 없는 응축된 지식과 경험을 단숨에 얻을 수 있게 된 것이다. 매일 책을 40페이지씩 읽으면 10만 원을 주겠다 하면 읽는 사람이 많을 것이다. 10만 원이 클까. 책을 읽지 않아서 얻지 못하는 가치가 클까. 누군가에게는 10만 원이 클 것이다. 가령 당장 한 끼의 식사도 해결하지 못하는 사람이라면 책을 읽는다는 것에 가치를 느끼겠는가. 하지만 책을 사서 읽는 여러분이 이 부류에 속한다고 생각되진 않는다. 오늘도 독서하는 당신을 응원한다.

진심은 통한다

뉴스를 보니 배달의 민족에 남긴 리뷰 관련 글이 화제다. 정확히는 리뷰에 대한 사장님의 답변 글이라고 표현하는 게 맞겠다. 고객은 별다른 내용도 없이 우는 이모티콘과 함께 별점 1점을 매겨 놨다.

"ㅜㅜ휴ㅜㅜ."

그 밑에 사장님의 댓글이 달려 있다.

"○○님, 너무 죄송합니다.
머가마음에안드셧요군
너무죄송하고 미안합니다

새로살마드렷어야돼는대.

기사분이언재오실지모르니

재송해요다음엔조금느저도새로살마드릴개요재송합니다.”

사장님은 마음에 안 드시는 부분이 있는 것 같다며 거듭 죄송하다고 사과한다. 오이 냉국수를 시켰다는 또 다른 리뷰 글도 있다. 별점 1점이다.

“분명 오이 빼달라 그랬는데 넣을 수 있는 곳은 다 넣어놨네요. 요청사항 좀 읽어주세요.”

“○○님, 너무너무 좨송합니다너무 좨송해요너무큰실수를햇내요

앞으로는조심또조심하갯습니다

대단히죄송합니다.”

사장님은 죄송하다며 앞으로 조심하겠다고 말한다. 이 가게는 75세의 할아버지와 68세의 할머니 노부부가 운영하는 '대박분식'이다. 배달의 민족을 켜서 가게를 들어가 보았다. 죄송하다는 말을 좨송하다고 잘못 쓰는 등 표현은 서툴지만, 안 좋은 리뷰에도 일일이 댓글을 다는 노부부의 진심이 전해진다. 이 가게 어떻게 되었는지 아는가. 이름 그대로 대박이 났다. 손님이 와서 음식을 먹고 10만 원을 주더니 잔돈을 받지 않고

가다. 가게 앞으로 하분이 배달되기도 한다. 배달 앱으로 음식 주문이 들어와서 주소지를 확인했더니 가게 주소이다. 메시지에는 "건강하고 만수무강하세요."라고 적혀 있다. 실시간 검색 순위 1위에도 올랐다. 이 가게, 잘될 이유 충분하다. 실수를 인정하는 태도 때문이다. 실수를 인정한다는 것은 말처럼 쉬운 일이 아니다. 누군가가 나를 부정한다는 것은 기분 나쁜 일이다. 심지어 그것이 가족이라 할지라도 말이다. "네가 잘못했어.", "그 부분 실수한 거야.", "아니지, 그렇게 하면 안 되지." 이런 부정적인 말을 듣고도 기분 나빠하지 않고 바로 인정할 수 있는 사람이 몇이나 되겠는가. 기본적으로 우리 자아는 방어 기제를 가지고 있다. 많은 유튜버가 뒷광고 논란으로 유튜브에서 비난받은 적이 있다. 뒷광고란 광고주에게 돈을 받고 제품을 광고하면서 광고가 아닌 척하는 것을 말한다. 뒷광고도 문제지만 그들이 더 잘못한 것은 끝까지 잘못을 인정하지 않았던 그들의 태도 때문이었다. 힘들게 쌓아 올린 신뢰가 한순간 무너진 것이다. 구독자 수와 조회 수는 날이 갈수록 떨어졌고, 영상을 올리더라도 비난 댓글이 줄줄이 올라왔다. 실수를 인정하는 일, 쉽지 않겠지만 노력해 봐야겠다. 앞서 노부부 사장님의 진심 어린 답글에 대해 언급했었다. 그렇다면 진심이란 무엇일까?

진심이란 말 그대로 진짜 마음이다. 진심의 반의어는 가심이다. 가짜 마음. 가심에서 비롯된 행동을 우리는 '가식'이라고 부른다. 가식적인 사람을 좋아하는 이는 없다. 반대로 진실된 이를 싫어할 사람도 없다. '대박 분식'의 노부부 사장님은 고객 모두를 진심으로 대했다. 고객의 짧은 이모티콘 하나에도 정중하게 사과했고, 요청 사항을 잘못 읽어 실수한 점에 대해서도 진심으로 미안해했다. 그 진심이 글을 통해 사람들에게 전해졌다.

나도 실수를 한 적이 있다. 식당에서 홀 아르바이트를 했을 때이다. 나는 대구에서 똥집골목으로 유명한 평화시장의 한 식당에서 일했다. 금요일 밤이라 손님이 많았다. 스무 개가 넘는 테이블이 꽉 찼고, 손님이 빠지자마자 또 다른 손님이 와서 앉았다.

띵동.

"여기 모둠 똥집 하나랑 소주 한 병 주세요."

띵동.

"찜닭 하나 주시고요, 생맥주 500cc 두 잔이요."

띵동.

"치킨 세트 3번 주시고, 잔 좀 하나만 더 가져다주세요."

주문을 받는 와중에도 쉴 새 없이 나를 부르는 벨이 울렸다. 손님 주문 내용은 바로 컴퓨터 계산 내역에 추가해야 한다. 테이블 왔다가 카운터 갔다가 또다시 왔다 갔다. 머리도, 몸도 정신없다. 한참 바쁘게 일을 하고 있는데, 한 테이블에서 벨을 두 번이나 누른다. 가서 보니 주문한 음식이 안 나왔다. 손님은 화가 나 있다.

"우리가 저쪽 테이블보다 먼저 와서 주문했는데 왜 우리 음식은 왜 아직 안 나왔죠?"

순간 심장이 덜컥 내려앉았다. '내가 정신이 없어서 주문을 안 넣은 것은 아니겠지?' 불안한 마음에 황급히 카운터로 갔다. 항상 그렇다. '혹시나' 하고 걱정한 부분이 '역시나'일 때가 많다. 주문은 안 들어가 있었고, 그 내용을 손님께 전달해야 하는 상황이었다. 매니저 누나를 불러 상황을 말씀드렸고, 주방에서 나오는 다른 테이블 동일 메뉴를 먼저 가져다 드렸다. 사과를 드렸다. 하지만 주문이 들어가지 않았다는 말은 하지 않았다. 두려웠기 때문이었다. 바쁜 일이 끝나고 가게 사장한테 핀잔을 들었다. 이때도 속으로 변명하고 있었다. '바쁘면 실수할 수도 있지. 자기는 실수도 안 하고 사나.' 그때는 몰랐다. 실수를 인정하는 태도가 얼마나 중요한가를 말이다. 지금이라도 깨달아서 다행이다. 변명하기보다 인정하며 사는 게 더 좋은 결과를 만든다는 것을 깨달은 요즘이다.

세상 부러울 것
없습니다

1

일단 시작하기

군대 가기 전에는 몰랐다. 입대할 나이가 되어서야 군대 전역한 남자가 멋져 보였다. 마찬가지로 글을 쓰기 전에는 몰랐다. 쓰고 나서야 작가가 책을 내기 위해 얼마나 노력해야 하는지 알게 되었다. 사람은 그 상황을 겪어 보지 않으면 모른다. 『최고다 내인생』에서 기억에 남는 노가다 장면이 있다. 저자는 불이 난 축사에 죽어 있는 백오십 마리 돼지를 끄집어내서 땅에다 묻고 살균 처리하는 일을 받았다. 출입문이 화재로 열리지 않는다. 창살을 잘라 낸 창문으로 다녀야 했다. 축사 내부를 보았다. 돼지머리는 축사 바닥에 고여 있는 오물 속에 잠겨 있다. 화재 당시 뜨거운 열기를 피하기 위한 최선의 몸부림이었을 것이다. 밖으로 빠져나온 뒷다리는 뻣뻣하게 굳어 있다. 내장은 배를 뚫고 나와 엉겨 붙어 있다. 입에서는 거품과 기름 덩어리가 굳어 있었고 3일 동안 썩어 문드러진 냄

세, 구더기까지 현장은 참혹했나. 책을 보는 동안 작가와 함께 그 현장에 있었다. 간사하다. 작가의 고충을 이해하기보다 돼지 축사에 있지 않아서 다행이라는 생각을 먼저 한다. 지금 그는 돈을 꽤 많이 번다. 만약 노가다는 과정이고 이후 성공이 보장되어 있다면 고생할 수 있다. 같은 이야기겠지만 고3, 서울대 합격이 보장되어 있다면 하루에 5시간씩만 자고도 공부할 수 있다. 하지만 우리는 신이 아니기에 원하는 결과를 이룰 때보다 그렇게 하지 못할 때가 더 많다.

나는 수능 점수가 잘 나오지 않아 기숙학원에 들어가 재수했다. 기숙학원은 서이천에 있었다. 그곳은 학원을 제외하면 편의점 하나 없는 시골이었다. 한창 더워지는 7월, 교실에서 자율 학습을 한다. 바깥에는 새가 지저귀는 소리가 들린다. 오늘따라 날이 유난히 더 좋다. 교실은 조용하다. 나 빼고 다른 사람은 잘 집중해서 공부하는 기분이다. 문제를 풀려고 고개를 내리는데 갑자기 이유 없이 눈물이 난다. 외로운 것도 아니고 힘든 것도 아니었다. 남들이 볼까 부끄러워 재빨리 눈물을 닦는다. 갑자기 나온 눈물에 당황스러웠다. 스물한 살, 사실은 두려웠다. 재수하기 위해 부모님을 설득했다. 멋지게 보답하고 싶었다. 열심히 살았다. 7시에 기상해서 밥을 먹고 11시에 기숙사로 돌아오기 전까지 공부만 했다. 기하급수적으로 오른 것은 아니지만 성적도 올랐다. 그런데 당장 오르는 모의고사 성적이 무엇이 중요하겠는가. 수능은 다르다. 열심히 달려온 1년이 헛수고가 될지도 모른다. 인생은 언제나 불확실하니까 말이다. 한 치 앞도 예측할 수 없는 미래를 살아가는 우리는 어쩌면 정말 대단한 사람들이 아닐까.

친구와 있었던 일이다.

"아이스아메리카노 tall 사이즈에 바닐라 시럽 두 펌프 주세요. 먹고 갈게요."

달게 마시면 왜 아메리카노를 마시냐는 친구의 장난스러운 핀잔을 듣는다.

취향은 그 사람에게 있어서는 절대적이다. 법정 스님의 말씀이 떠올랐다. 생각해 보면 친구들도 제각기 가진 취미가 다양하다. 심야 괴담을 좋아하기도 하고, 마술을 좋아하기도 한다. 유튜브를 보다가 재미있는 영상을 단톡방에 공유하면 친구들은 거의 보지 않는다. 왜냐면 관심이 없는 주제기 때문이다. 생각해 보면 나 역시 마찬가지였다. 친구가 마술 영상이라고 링크를 줬는데 13분짜리길래 바로 화면을 껐다.

다시 카페로 돌아와서, 2층에 올라오니 남아 있는 자리가 없다. 기분이 좋은지 큰 목소리로 수다를 떨고 있는 아줌마도 보이고, 여유롭게 책을 읽고 있는 청년도 있다. 노트북을 켜고 바쁘게 일하는 직장인, 토익 공부에 온 신경을 집중하는 대학생도 보인다. 운이 좋았다. 아줌마가 빈 컵을 들고 일어난다. 재빨리 동채와 그쪽으로 가서 앉았다.

내 친구인 동채는 어린아이같이 순진하다고 느껴질 때도 있고 세상 물정 모른다는 생각이 들 때도 있다. 남들과는 조금 다르게 생각하는 강점을 가지고 있기도 하다. 아까 봤던 낙지집에 대해 이야기했다.

'낙지볶음에 야채를 빼고 커다란 낙지 한 마리를 넣는다. 그리고 손님이 보는 앞에서 그 낙지를 토치로 굽는다. 위에는 빨간 소스를 뿌려 화산 폭발하는 듯한 느낌을 주면 어떻겠냐는 말을 한다.

"동채야, 너는 기발한 생각을 잘하는 것 같아. 그 아이디어를 판매해 보면 어떨까? 또는 글로 써서 책을 출간하는 것도 좋을 것 같아."

그는 글 쓰는 작가가 되는 것이 꿈이었다고 말했다. 눈빛이 이글거린다. 글을 써야겠다고 말하더니 핸드폰 메모장에 끄적이기 시작했다. 망설임 없이 글을 써 내려갔다. 글쓰기, 쉽지 않은 일인데 놀랍다.

"대단하다, 어떻게 글을 술술 쓰는 거야?"

"대단하기는, 남들도 다 이 정도는 하잖아."

얼마 지나지 않아 동채는 내게 핸드폰을 내밀었다. 난 동채의 글을 천천히 읽었다. 비문도 있고 맞춤법이 조금 틀렸어도 내용이 흥미롭다. 해리포터와 같은 소설이었다.

"우리 매일 책도 읽고 글을 쓰자, 멋진 작가가 되자."

재능이 있음에도 불구하고 그 재능을 특별하게 생각하지 않는 태도는 내가 가진 좋은 무기를 하나 버리는 것과 다름없다. 나는 어릴 적부터 아이를 좋아했다. 아이를 다루기도 잘 다뤘다. 이 재능을 살려 직업을 가졌다. 키즈카페에서 일했을 때는 첫 남자 아르바이트생이자 매니저를 했고 구몬 교사를 할 때도 동기 선생들이 받는 월급보다 더 많이 받았다. 내가 하는 일에 자신감이 있었고 그 자신감은 돈이 되었다. 내가 남들보다 조금이라도 더 잘하고 그 분야에 관심이 있으며 그것을 좋아한다면 일단 해 보면 어떻겠는가.

SNS보다 독서하기

급한 일이라도 있는 걸까. 스마트폰을 보며 길을 가는 사람이 많다. 그렇게 되면 전방 주시를 할 수 없다. 앞을 보고 있는 사람이 알아서 피하라는 심보일까. 나는 그런 사람을 보면 참 배려심 없다고 느끼곤 한다. 하지만 이런 말을 하는 나 역시도 스마트폰 중독이다. 밥을 먹을 때도, 화장실에 갈 때도 스마트폰을 놓지 않는다. 잠들기 전까지 스마트폰을 보며, 일어나자마자 먼저 찾는 것도 스마트폰이다. 우리는 핸드폰 하나로 일상생활에 필요한 대부분을 다 할 수 있다. 쇼핑, 은행 업무, 일, 독서, 음악 감상까지. 모르는 분야가 있으면 유튜브에 들어가 검색한다. 유튜버가 친절히 설명해 준다. 시간이 갈수록 우리는 스마트폰에 중독되어 간다. 내가 처음 접했던 SNS는 버디버디와 싸이월드였다. 버디버디는 메시지를 주고받는 용도로 많이 사용했다. 버디버디에 접속하게 되면 카톡처럼 친구 목록이 뜬다. 상태 메시지 대신 이모티콘으로 자신의 현재 상황을 표현할 수 있다. 가장 기본은 '접속' 이모티콘이고 그 외에도 환영, 부재중, 수신 거부, 피곤함 등 40개가 넘는 상황을 표시할 수 있다. 좋아하는 여자애가 접속은 했는지, 이모티콘은 어떠한지부터 확인한다. 미니홈피에는 좋아하는 노래를 사서 올려놓을 수 있었고, 여러 곡도 가능했다. 내 미니홈피의 첫 번째 노래는 화요비 '당신과의 키스를 세어보아요'였다. 지금 생각하면 오글거리겠지만 그 당시에는 사랑은 아프고 아련하고 감수성 넘쳐서 표현해야 하는 그런 것이었다. 싸이월드가 얼마 전에 다시 생겼다는 소식을 들었다. 과거 데이터가 복구됐다. 두근거리는 마음에 들어갔다. 어릴 적 내 사진들이 있었다. 겉멋 제대로 부린 중2병 사진도 많았다. 대학생이 입을 듯한 어울리지 않는 정장 자켓을 입은 사진도 있었고 십자가 목걸이를 하며 멋을 한껏 뽐낸 사진도 있었다. 올려놓은 글을 보았다. 크게 두 가지 카테고리였다. 첫 번째는 코믹 만화였고 두 번째는 사랑, 이별 관련 글이었다. 싸이월드는 블로그처럼 하루 방문자가 얼마인지, 누적 방문자가 얼마인지 표시된다. 한 번은 방문자가 많아 보였으면 좋겠다는 생각을 했다. 프로그램을 돌려서 그 숫자를 천 명에 가깝게 만들었다. 지금까지도 알고 지내는 사람이 천 명이 되질 않는데 말이다. 싸이월드가 재밌었던 이유 중 하나는 방명록이었다. 상대방 홈페이지를 방문하면 방명록을 작성할 수 있었고, 비밀 글로도 할 수 있었다. 내가 좋아하는 여자 친구가 방명록을 남겨 줬을까 기대하며 자주 들어갔었다.

그렇게 버디버디와 싸이월드를 시작으로 사람들은 SNS에 빠져들었다. 나를 표현하고 싶고 좋아하는 사람에게 연락하고 싶다는 욕구를 풀어 준 수단이 SNS였다. 20대가 되어서는 페이스북이 성행했고 지금은 인스타가 난리다. 난 어떠한 사건 때문에 SNS를 가급적 하지 않으려고 한다. 군인일 때 일이다. 사지방(사이버지식정보방)에서 페이스북 영상을 봤다. 영상에는 자동차가 등장한다. 자동차가 멈추더니 문이 열리고 강아지를 안고 사람 한 명이 내린다. 주인은 강아지를 땅에 내려놓는다. 그러고는 혼자서 차를 타고 떠나 버린다. 버려진 강아지는 죽을 듯 뛰어서 차를 따라가 보지만 끝내 잡지 못한다. 원해서 본 영상이 아니라 페이스북 스크롤을 내리던 중 우연히 보게 되었다. 그 이후로 나는 페이스북을 하지 않게 되었다. 첫째, 원하지 않는 영상까지 보는 것이 싫다. 재생되지 않게 설정할 수 있었지만 아까 말한 영상이 내겐 너무 충격적이어서 그 영상 하나로 페이스북을 싫어하게 되었다. 둘째, 다른 사람들이 자랑하려고 올리는 사진을 보고 싶지 않았다. 그런 사진을 볼 때면 나도 모르게 비교를 하게 된다. 진짜 부자는 티 내지 않는다는 말이 있다. 마찬가지로 일상이 행복한 사람은 사진을 잔뜩 올리며 내가 이렇게 행복합니다 말하지 않는다. 누군가 알아주지 않아도 스스로 행복을 찾을 줄 아는 사람이기 때문이다.

"사람은 누구나 글을 쓰고 싶어 합니다."

강사가 얘기했다. 공감 가지 않았다. 나는 그런 욕구를 가진 적이 없다고 생각했다. 고대 시대 벽화도 인간이 글을 쓰고 싶은 욕구를 표현한 활동이라고 한다. 누군가에게 인생에서 가장 힘든 순간이 언제였냐고 묻는다면 막힘없이 줄줄 이야기한다. 심지어 아이조차도 유치원에서 힘들었던 일을 부모에게 매일 이야기한다. 표현하고자 하는 욕구는 있다. 다만 말을 글로 담는 것, 자신이 없어서 생각조차 하지 않았다. 그걸 보고 욕구가 없다고 착각했다. 예전에 한 프로그램에서 연예인 김제동이 질문을 받았다.

"당신, 미리 게스트를 선별해 놓고 질문하는 거죠? 어떻게 사연 있는 사람만 쏙쏙 골라내나요?"

그러자 김제동은 대답한다.

"세상에 사연 없는 사람은 단 한 명도 없어요."

그렇다. 우리 누구나 자신만의 이야기가 있다.

표현하는 수단은 글, 사진, 동영상 등 다양하다. 각각의 장점이 있다. 글은 쓰면 자아 성찰을 할 수 있다. 내 이야기를 다른 사람에게 들려줌으로써 그들에게 미치는 영향력은 다른 미디어보다 더 크다. 사진은 내가 원하는 부분만 찍어서 보여 줄 수 있다. 그뿐만 아니라 포토샵을 통해서 외적인 부분도 훌륭하게 만들 수 있다. 동영상은 생동감 넘치는 장면을 보어 줄 수 있다. 하지만 사신과 동영상의 가장 큰 단점이 있다면 자극적인 내용이 많다는 사실이다. 선정성과 과장, 선동, 지금까지 속고 살았습니다 등 사람들이 클릭하게 만드는 제목이 많다. 막상 보면 별것 없다. 하루만 지나도 내가 전날 무엇을 보고 느꼈는지조차 모른다. SNS에 빠진 사람이 늘어나면서 성인 연간 독서량이 줄어들게 되었고, 문체부에 따르면 성인 절반이 1년에 책 한 권도 읽지 않는다고 한다.

우리는 책을 보다가 인상적인 부분이 있다면 잠시 생각에 잠긴다. 멋진 말은 외워 보려 한다. 마음에 드는 구절은 밑줄을 긋기도 하고 노트에 필사도 하며 블로그에 포스팅한다. 하지만 유튜브 영상을 보다가 생각할 거리가 생겼다고 잠시 영상을 중단하거나 끄진 않는다. 즉, SNS를 많이 할수록 사색하는 시간이 줄어든다. 책을 읽는 것은 다른 활동에 비해서 에너지가 필요한 일이다. 에너지를 쓰는 만큼 얻는 효과도 분명 다른 매체들과는 확연히 다르다. 책을 읽지 않았을 때는 읽지 않으며 사는 게 크게 문제 되지 않는다고 생각했다. 하지만 책을 읽다 보니 문제는 사방에 널려 있었고 그 문제를 무시하며 살아왔다는 사실을 알게 되었다. 소크라테스는 말했다.

"내가 아는 유일한 것은 나는 모른다는 사실이다."

지금도 책을 읽고 있는 당신, 앞으로도 책을 읽을 당신이 어떠한 일이 생기더라도 늘 지혜롭게 해결하리라 믿는다.

3

다른 출발선을 이기는 유일한 방법, 꾸준함

여름휴가로 가족과 제주도 여행을 다녀왔다. 수요일에 출발해서 토요일에 오는 3박4일 일정이었다. 드디어 수요일이다. 오전에 글쓰기 수업이 있었다는 사실도 까맣게 잊어버렸다. 바다가 보이는 카페에 앉아 책을 읽을 생각에 책도 네 권이나 챙겼다. 다 읽고 싶은 욕심 때문만은 아니다. 병렬 독서를 하고 싶었다. 책을 한 권만 챙겨 가면 허전하다. 오랜만에 장롱 구석에 있던 여행 가방을 꺼냈다. 부모님과 여동생은 대구공항에서 출발하고 나는 김포공항에서 출발한다. 출발지는 달라도 목적지는 같다는 사실에 괜스레 기분이 더 좋았다. 바깥에 나와 하늘을 보았다. 날씨가 흐리다. 혹시 몰라 작은 우산을 챙기길 잘했다. 잠시 후, 비가 오더니 이내 무섭게 쏟아진다. 우산을 펼치고 신림역으로 걸어가던 중, 급하게 나오느라 미쳐 닫아 놓지 않은 창문이 생각났다. '별일 있겠어, 소나기 같은데.' 가던 길을 계속 갔다. 지하철 앱으로 시간을 계산 해 보니 집에 다시 들어갔다 나오기에는 시간이 애매했다. 어제 읽은 필립 체스터 필드 에서 나온 구절이 생각났다.

"서둘러라, 그러나 허둥대지 마라."

허둥대다가 일을 망치지 않게 주의하라고 하지만, 나는 읽고도 행동에 옮기지 못했다. 머릿속으로 이 시간쯤 나가면 되겠지라고 생각한다. 그 시간보다 10분만 일찍 나간다면 이런 변수도 통제할 수 있었을 텐데. 아는 것과 행동하는 것, 하늘과 땅 차이다.

2호선 신림역에서 출발한 지하철을 탔다. 오후 2시의 애매한 시간이라 앉아서 갈 수 있겠다는 생각을 했지만, 지하철 안 사람들은 많았다. 네 정거장을 가서 신도림에 도착하니 자리가 났다. 자리에 앉았다. 곧바로 책을 꺼냈다. 평소에는 하지 않는 행동이어서 그런지 이질감이 들었다. 혹시 몰라 홍대입구역 시간을 알아보고 알람을 맞추었다. 내가 책에 빠져서 못 내릴까 걱정이 되었다. 아무리 몰입해도 그럴 일은 없을 텐데, 나는 아직도 나를 잘 모른다. 시간은 금방 흘렀다. 김포공항역에 내려 공항으로 향했다. 온라인 표 구매를 한 덕분에 바로 보안 검색대로 갔다. 사람이 얼마 없었다. 보안요원은 막대기 스캐너로 몸을 한 번 스캔하고는 탑승구로 보내 줬다. 비행기 안 내 좌석은 거의 끝 쪽에 있었다. 먼저 들어가기 위해 맨 앞에 줄을 섰다. 곧이어, 비행기가 들어왔다. 내 자리까지 가는데 캐리어가 의자에 두 번이나 부딪혔다. 승무원들이 힐끔힐끔 쳐다본다. 조심스럽게 자리까지 이동한다. 자리에 앉아 짐을 올리고 아까 보던 책 한 권만 꺼내 두었다. 핸드폰만 등장하지 않았다면 이동하며 책 읽는 사람들 많지 않았을까?

비행기가 이륙한다는 방송이 나온다. 나는 겁이 많다. 이 비행이 마지막 비행이 되지 않을까 하는 걱정을 한다. 쓸데없는 것이라는 걸 알면서도 역시 발이 공중에 있는 것은 무섭다. 김포에서 제주까지는 1시간이 채 걸리지 않았다. 비행기가 하늘에서 나는 속도는 시속 700km쯤 된다고 한다. 착륙했을 때, 비행기는 자동차와는 다르게 브레이크를 잡지 않는다. 역추진을 걸어 속도를 줄인다. 속도가 많이 줄어서야 브레이크를 작동시킨다. 살다 보면, 너무 바빠서 뒤를 돌아보지 못할 때가 종종 있다. 그럴 때는 브레이크를 걸 수 있다. 하지만 비행기처럼 너무 빨라 브레이크를 걸 수 없을 정도로 살아 본 적이 있는가. 나는 단연코 한 번도 없다. 그래서 그렇게 살아 보고 싶다.

도착했다는 방송과 함께 사람들이 분주히 준비한다. 어차피 뒷자리이고 서 있어 봐야 치이기만 할 거라는 생각에 마음을 편히 가진다. 주변을 둘러보니 사람들이 다 나갔다. 짐을 내려 승무원만 있는 비행기 통로를 지나간다. 올 때도 갈 때도 비행기 안에 나만 있는 것 같아 영화 속 주인공이 된 것 같다.

나가면 바로 공항이라고 생각했다. 밖으로 나오니 공항과 연결된 것이 아닌 버스 한 대가 기다리고 있다. 나는 마지막으로 버스를 탔고 문 쪽에 서 있었다. 늦게 탔는데도 먼저 내렸다.

'빨리 가는 사람이 반드시 먼저 도착하는 것은 아니구나.'

오히려 비행기에서 서둘러 내린 사람이 늦게 내렸다. 글을 쓰고자 하면 글의 소재가 주변에서 보인다. 별것 아닌 일도 머릿속에서 한 번 생각하게 된다. 다 놀고 서울에 도착하면 이걸로 글을 써야겠다는 생각이 들었다. 카카오톡을 튼다. 나와의 채팅을 치고 느낀 점을 적는다.

비가 와서 셔틀버스 마지막에 타고 제일 일찍 내림.

천천히 가는 게 빨리 갈 수 있단 사실.

거북이가 토끼를 이김.

비행기에서 내리며 어릴 적 보았던 토끼와 거북이 이야기가 생각났다. 우리 모두 알다시피 거북이가 토끼를 이긴 이유는 꾸준함이다. 어린 시절, 마음속으로 약자인 거북이를 응원했다. 토끼가 거북이를 무시하는 것이 싫었다. 토끼가 잠을 자고 거북이가 결승점에 도달한 순간, 내가 응원하는 거북이가 이겨서 짜릿했다. 시간이 흐르고 어른이 되었다. 이제야 알게 되었다. 사실 책 속에 등장인물인 거북이는 나였다. 나는 토끼처럼 빠른 속도를 가지고 있지 않다. 공부 머리가 좋지 않아 재수를 했음에도 불구하고 좋은 대학에 가지 못했다. 하지만 어린 시절 내가 거북이를 응원해 주었듯, 나를 응원해 주는 가족과 사랑하는 사람이 있기에 오늘도 천천히 나아간다. 살다 보면 문득 그런 생각이 든다. '나 빼고 다들 열심히 살고 있구나.' 대표적인 예시로, 남자들은 전역하고 나서도 군대 꿈을 꾼다지만 나는 고3 때 꿈을 꾼다. 친구들은 열심히 공부하는데 나만 놀고 있는 꿈이다. 꿈에서 깨어나도 마음이 불편하다. 나뿐만 아니라 나와 같이 느끼고 있을 독자도 분명히 있으리라 생각한다. 그런 생각이 들 때면 내가 오늘 말한 토끼와 거북이 이야기가 떠올랐으면 좋겠다. 우리는 평범한 토끼다. 하지만 분명한 건 꾸준히 한다면 발 빠른 토끼를 이길 수 있으리라.

4

부럽다면 도전하라

"부러우면 지는 거다." 한 번쯤은 들어 봤을 것이다. 남을 부러워하지 말라는 뜻이다. 부럽다는 것이 왜 지는 것일까? 남을 부러워한다는 말은 다른 말로 표현하자면 내 자존감을 낮춘다는 맥락으로 해석되기 때문일 것이다. 나를 제일 사랑해야 하는데 남이 부러워서 날 잃어버린다면 얼마나 속상한 일인가. 그래서 우리는 부러워도 애써 부럽지 않은 척한다. 부러움의 대상은 주변 사람이 될 수도 있고 TV 속 연예인, 또는 SNS 인플루언서가 될 수도 있다. 인스타만 보아도 부러움이 절로 생긴다. 사진을 게시하는 사람은 사진을 얼마나 잘 찍는지, 맛있게 찍힌 음식을 보면 먹고 싶고 경치 좋은 여행지를 보면 나 또한 가고 싶다. SNS가 발달하면서 우리는 어떻게 보이는가에 대해 더 집착한다. 한강에 가서 라면을 먹는 사진은 올리면서 피시방에서 먹는 라면 사진은 올리지 않는다. 고급

레스토랑에서 사진을 찍으면서 김밥천국에서는 찍지 않는다. 즉, 일상의 선이 아닌 특별한 순간의 점을 보여 주면서 다른 사람의 관심을 받고 싶어 한다. 댓글이 얼마나 달렸는지, 좋아요가 몇 개인가를 실시간으로 확인하면서 말이다. 신기한 사실 중 하나는 부러움의 대상은 대부분 돈과 관련된 것들이다. 책을 100권 쌓아 놓은 사진을 보고 그 사람을 부러워하지 않는다. 1년에 365권의 책을 읽고 365개의 독서 노트를 썼다고 해서 부러워하지 않는다. 하지만 부자가 된 후에 책 사진을 보여 주면 거기에 특별한 의미를 부여한다. 배고픈 소크라테스가 배부른 돼지보다 낫다는 옛말처럼, 우리가 부러워해야 할 것은 눈에 보이는 '빵'이 아니라 보이지 않는 '지혜' 아니겠는가.

어느 날, 신이 나타나 두 가지 선택지를 줬다고 가정해 보자. 하나는 로또에 당첨되게 해 준다는 것이고 다른 하나는 1년 동안 꾸준히 하루에 책 한 권을 읽을 수 있는 지구력을 준다는 것이다. 독서하기 전의 나였다면 전자를 택할 것이다. 20억이란 돈이 생긴다면 그 돈으로 얼마나 큰 돈을 만들 수 있겠는가. 부동산, 주식, 비트코인, 해외 주식, 펀드 등 마음만 먹으면 쉽게 투자할 수 있다. 하지만 우리는 로또 1등 당첨자들의 비극적인 스토리를 심심치 않게 찾아볼 수 있다. 나는 그 사람들의 문제라고 생각했다. 만약 나였다면 건물을 먼저 산다. 원금을 보존한 상태에서 임대료만 받아도 평생 먹고살 수 있지 않겠는가. 이러한 생각에 변화를 군 책이 하나 있나. 보노 섀퍼의 『이기는 습관』에서 나온 구절이다.

어떤 궁중 광대가 문득 지금보다 더 나은 삶을 살고 싶다는 마음이 간절해졌다. 광대는 부자가 되어 멋진 여행을 하며 호화로운 삶을 누리고 싶었다. 무엇보다 그는 타인들의 존중을 얻고 싶었다. 하지만 사람들은 늘 그에게 손가락질하며 수군댔다.

"저기 봐, 저 천한 광대 좀 보라지."

고민 끝에 광대는 왕에게 자신의 소원을 아뢰었다. 왕은 다음과 같은 명을 내렸다.

"너는 여러 해 동안 나를 즐겁게 해 주었다. 그러니 네 소원대로 많은 부를 선물로 내리도록 하마."

그날 이후 광대는 자신에게 허락된 새로운 행운을 만끽하기 시작했다. 대저택으로 거처를 옮겼고 산해진미를 즐겼다. 하지만 그는 얼마 지나지 않아 주변 사람들이 자신을 겉으로만 따르는 척한다는 사실을 깨달았다. 부자가 되었지만 그저 예전과 다름없는 광대였다. 아울러 하사받은 막대한 재산은 금세 바닥나 버렸다. 그는 왕의 현명한 고문을 찾아가 자신의 신세를 한탄했다. 고문은 엷은 미소를 지으며 포도주가 가득 담긴 단지와 포도주잔을 가리켰다.

"저 작은 포도주잔에, 단지에 가득 담긴 포도주를 전부 부을 수 있겠소?"

"불가능합니다."

"그렇소, 불가능하오. 당신의 그릇 또한 당신의 소원을 모두 담아내기엔 너무 작소. 왕이 당신에게 큰 복을 내렸지만 그걸 전부 담아낼 만큼 그릇이 큰 사람이 아니오."

이 일화를 보고 깨달았다. 단지에 담긴 포도주를 부러워할 것이 아니라, 잔의 크기를 먼저 키우자. 금융을 공부해야 한다. 독서도 해야 한다. 생각이 넓고 깊어져야 문제에 대한 여러 가지 해결책을 내고 실패를 극복할 수 있다. 완전한 성공은 없다. 세상은 늘 변하고, 그렇기에 우리가 알고 있던 지식, 믿었던 생각들은 언젠가는 세상과 맞지 않는 것이 된다. 그래서 세계적인 기업 역시 몰락하는 것이다.

책에서 보면 꽃길만 걷기를 바란다는 말 함부로 하면 안 된다고 쓰여 있다. 그보다 더 최악의 삶은 없다고 한다. 왜 그럴까. 꽃길만 걷게 되면 아무것도 배우지 못하고 깨닫지 못한다. 이겨 낼 힘도 갖지 못할 것이고, 타인의 고통을 공감하고 이해하는 마음도 품지 못한다. 농구의 신 마이클 조던 또한 실패 경험을 많이 하라고 한다. IBM의 창업자 토마스 존 왓슨 시니어는 '어떤 인재가 회사에서 승진할 수 있는가?'라는 기자의 질문에 이렇게 답했다.

"실수와 실패를 남들보다 두 배로 많이 하는 직원이다."

최근에 인상 깊게 본 영화가 있다. 실화를 바탕으로 한 영화이다. 대략의 줄거리를 소개하자면 최약체 농구 팀이 교체 선수 없이 단 여섯 명만으로 전국대회 준우승을 이뤄 낸 이야기다. 극 중 양현 감독은 선수들에게 다음과 같은 말을 한다.

"결국 지금 여기 전국대회 결승전 선수 대기실에서 느그랑 같이 있을수 있는 거는 그 가짜 실패 덕분이더라고."

그 또한 실패의 중요성에 관해 이야기한다. 빛의 부재가 어둠이듯이 성공의 부재가 실패일 뿐이다. 서로 다른 종류가 아닌 한 면에 공존한다. 실패는 필요하다. 아니, 어쩌면 실패는 필연적이라고 말하는 것이 맞을지도 모르겠다. 우리는 실패를 통해 배우고 삶을 확장시켜야 한다. 내가 하는 일이 맞을까, 이 일에 도전해 봐도 되는 걸까, 남들이 날 우습게 여기진 않을까 하는 생각이 들 때 가장 필요한 태도는 실패를 두려워하지 않는 마음가짐 아니겠는가.

5

의도적으로 불편해지기

이런저런 핑계로 4일이나 운동을 쉬었다. "그게 오래 쉰 거야?" 하고 묻는 사람 있겠지만, 일주일에 다섯 번 이상 운동하는 나로서는 많이 쉰 셈이다. 헬스장은 신림역 르네상스 건물 12층에 있고, 탈의실은 11층으로 내려가야 한다. 헬스복으로 갈아입고 계단을 올라간다. 운동을 끝마치고 내려오는 사람들을 보았다. 문득 그런 생각이 든다. '내가 쉬는 동안에도 저 사람들은 열심히 했겠구나.' 반성하며 오늘부터는 더 열심히 해야지 다짐한다. 내가 생각하는 헬스장에는 크게 세 가지 부류의 사람이 있다. 첫째, 운동을 오래 해서 몸이 좋은 사람들이다. 이 부류의 사람들은 일부러 몸을 드러내고 다닌다. 볼록 솟은 가슴과 넓은 등판, 울퉁불퉁한 팔을 보고 있으면 부럽기도 하면서 얼마나 많은 시간을 들이고 노력했느냐는 생각이 든다. 그들이 내가 드는 무게보다 몇 배는 무거운 무게를 드는 모

습을 보면 "형, 운동 얼마나 해야 이렇게 힐 수 있어요?"라고 말 걸고 싶
다. 두 번째 부류는 이제 몸이 커지고 있는 사람들이다. 이들은 몸을 과
하게 드러내지는 않는다. 하지만 옷 바깥으로 드러나는 근육을 보면 머
지않은 미래에 몸짱이 될 것이라는 생각이 든다. 나는 굳이 따지면 두 번
째 부류지 않을까. 그래서 이 부류의 사람들을 보면 속으로 비교한다. 누
가 더 운동을 오래 했을까. 누구 몸이 좋을까. 세 번째 부류는 운동을 이
제 막 시작한 사람들이다. 우리는 이들을 헬스 초보자라고 부른다. 헬스
초보자와 앞서 말한 두 부류의 차이점은 끈기이다. 헬스 초보자들은 왔
다가 금방 사라지지만, 그중에서도 꾸준히 하는 사람은 1년을 기점으로
두 번째 부류로 오게 된다. 앞서 나는 두 번째 부류에 속한다고 말했다.
근거가 있다. 먼저, 운동을 1년 6개월 동안 했다. 운동 루틴을 세부적으
로 계획할 수 있고, 기초 체력이 길러진 상태이다. 자세도 잡혀 있어 운
동하다가 다치는 일이 적거나 거의 없다. 헬스에는 프리 웨이트가 있고
머신 운동이 있다. 프리 웨이트는 바벨이나 덤벨을 활용해 운동하는 것
을 말한다. 머신 운동은 기계에 앉아서 밀거나 들거나 당기는 운동이다.
헬스가 처음인 사람은 머신 운동을 해야 한다. 운동을 막 시작한 사람은
자세도 불안정하고 특정 부위에 자극을 잘 느끼지 못하기 때문이다. 한
번은 머신 운동을 하다가 놀랐다. 과거에는 4칸 정도만 무게를 설정해도
무거웠는데 지금은 7~8칸, 9칸 이상은 가야 무겁다는 생각이 든다. 나
도 모르는 사이 근력이 좋아졌다. 당연한 이야기겠지만, 우리는 단순 반

복만으로도 어느 수준까지 역량을 향상할 수 있다. 대표적인 예시로 생활의 달인에 나오는 달인들을 보며 대단하다고 생각한다. 하지만 자세히 보라. 같이 일하는 직원도 수준급으로 일을 하는 경우가 많다.

운동을 막 시작했을 때 누군가 물어봤다.

"석부야, 너는 운동을 왜 해?"

나는 대답했다.

"내가 좋아하는 사람이 운동하는 남자가 좋다고 했거든."

운동하는 목적성은 사람마다 다르다. 20대와 30대는 이성에게 멋진 몸을 뽐내려는 의도가 클 것이고 50대가 넘어서는 건강을 위해서일 것이다. 그렇다면 운동을 지속시킬 수 있는 동기는 무엇일까. 헬스하지 않는 사람을 일반인이라고 칭하겠다. 일반인에게 헬스인이 헬스장에 매일 가는 이유가 무엇일지 묻는다면 아마도 그들은 더 좋은 몸을 갖기 위해서라고 대답할 것이다. 하지만 헬스인에게 왜 매일 헬스장에 가냐고 묻는다면 운동을 하지 않으면 근 손실이 나기 때문이라고 대답할 것이다. 근 손실이란 근육이 빠지는 것을 말한다. 그렇다. 헬스인들은 지금까지 본인이 이루어 놓은 노력이 헛수고가 될까 봐 운동한다. 이들에겐 총 세 가지의 동기가 있을 것이다. 첫째, 근 손실을 막는다. 둘째, 더 멋진 몸을 만든다. 셋째, 습관이 되었으니깐 그냥 한다. 사람은 이득보다는 손해에 더 민감하다. 예를 들어, 차를 구매하기 위해 계약을 하러 갔다고 하자.

일반적으로 종업원은 고객에게 이렇게 말할 것이다.

"아반떼 신형 기본 옵션만 있으면 1,900만 원인데요, 핸들 열선을 넣고, 스마트 크루즈 모드를 넣고, 자동 긴급 제동을 넣으면 2,500만 원입니다."

고객은 고민할 것이다. 600만 원이나 더 내야 한다고 생각할 테니 말이다. 만약 다음과 같이 말했다면 어떨까.

"아반떼 옵션을 넣은 가격이 2,500만 원입니다. 만약 여기서 졸음 운전을 예방해 주는 긴급 제동을 빼면 2,400만 원이 되고요, 겨울날 꼭 필요한 핸들 열선을 빼면 2,300만 원이 됩니다. 그리고 장시간 운전할 때 꼭 필요한 스마트 크루즈 모드도 빼시면 1,900만 원입니다."

같은 말이지만 고객은 손해 본다는 느낌을 받는다. 이렇듯, 무언가를 지속시켜 주는 동기는 이득보다는 손해에 더 많은 영향을 받는다. 만약 손해보다 더 강력한 동기를 원한다면 손해와 이득 두 가지 동기를 동시에 가지면 된다. 우리는 계획은 하지만 지키지 못할 때가 많다. 단순히 동기가 부족하기 때문일까? 결정적인 이유는 따로 있다. 나는 두 가지를 말하고 싶다. 하나는 지금처럼 살아도 크게 불편함이 없다는 점, 다른 하나는 변화란 즉각적으로 일어나지 않는다는 점이다.

우리는 의도적으로 불편해져야 한다. 불편한 일이란 무엇일까. 아침에 30분 일찍 일어나는 것. 해야 할 일을 미루지 않고 하는 것. 잘 때 스마트폰 대신 책을 보는 것 등 다양할 것이다. 브렌든 버처드의 『백만장자 메신저』에서는 불편함을 느낄 때가 진정으로 성장할 수 있는 시간이라 한다. 내게 가장 불편한 일 중 하나는 글을 쓰는 일이다. 잘 써질 때보다 그렇지 않은 순간이 더 많고, 글을 쓰는 와중에도 계속 다른 생각이 떠올라 집중하기도 어렵다. 하지만 오늘도 컴퓨터 앞에 앉아 글을 쓰고 있다. 하루에 불편한 일을 한 가지씩만 해도 1년 후의 나는 지금보다 더 나은 사람이 된다는 사실을 안다. 발전하고자 하는 당신, 하지만 방법을 모르겠다면 단순하게 불편한 일을 하루에 하나씩만 해 보면 어떨까. 내 글을 읽어 준 여러분의 성장을 응원한다.

6

재능이 없다고 생각된다면
정도를 걷자

재능이란 무엇일까. 사전적 의미는 어떤 일을 하는 데 필요한 재주와 능력이다. 그리고 이런 말이 덧붙어 있다. 개인이 타고난 능력과 훈련에 의하여 획득된 능력을 아울러 이른다. 정리하면 재능은 능력+훈련이지만, 우리는 흔히 재능을 타고난 능력에만 초점을 두는 경향이 있다.

"여러분은 어떤 재능을 가지고 있나요?"

대답하기 어렵다. 왜냐하면 독보적 재능만을 재능이라고 생각하기 때문이다. 재능 있는 축구 선수를 떠올리라고 한다면 호날두와 메시를 말한다. 프로게이머를 말하라고 한다면 페이커를 말한다. 그리고 권투 선수 중에는 마이클 타이슨이 있다. 호날두는 슈팅 능력이 남다르게 좋고, 메시는 드리블을 잘해서 상대 수비수를 세 명 이상 제치는 일이 많다. 또한 게임(리그오브레전드, 롤) 선수 페이커는 일반인들은 흉내조차 낼 수 없는 슈퍼 플레이를 한다. 지고 있는 경기를 본인 역량 하나만으로 역전시킨 적도 많다. 마이클 타이슨의 별명은 핵 주먹이다. 전성기 시절 영상을 봤다. 경기 시합 휘슬이 울린다. 타이슨은 가드도 하지 않은 상태에서 상대에게 걸어간다. 그리고 있는 힘껏 라이트 훅을 때린다. 상대는 가드를 할 새도 없이 쓰러진다. 그렇다면 이들은 처음부터 본인들이 어떤 분야에 재능이 있다는 것을 알았을까. 아마도 훈련하고 성취를 통해서 남과는 다르다는 것을 알았을 것이다. 그런 이유에서였을까. 부모는 어렸을 때 자식에게 많은 것을 배워 보게 한다. 내 이야기를 하자면, 나는 리더십, 웅변, 논술, 컴퓨터, 수영, 바이올린, 태권도, 합기도, 검도 심지어 학교에서 가야금까지 배웠다. 하지만 어떤 분야도 뛰어나게 잘하지 못했다. 그렇다면 더 많은 걸 해 봤어야 할까. 재능은 어릴 때부터 길러져야 했던 것일까. 아니다. 오히려 성인이 된 지금 재능을 발견하기 쉽다.

첫째, 성인이 되면 그동안 쌓인 경험 덕분에 무엇을 좋아하고 잘하는지 알게 된다. 여기서 좋아하는 일은 있는데 잘하는 것이 없다고 반문하는 이가 있을 것이다. 조기 축구회를 떠올려 보자. 조기 축구회에서 골도 많이 넣고 인정받는 사람이 있다. 국가대표와 비교한다면 그는 축구를 잘한다고 할 수 있을까. 그렇다면 중학생 친구들과 비교해 보면 어떨까. 잘하고 못하고의 기준은 비교 대상에 따라 달라진다. 우리는 항상 나보디 더 나은 사람과 비교한다. 인간의 본성이다. 따라서 비슷한 나이, 조건, 환경인 사람과 비교한다면 우리는 생각보다 잘하는 일이 많을 것이다. 둘째, 내가 하고 싶은 일을 선택할 수 있다. 내가 지금 하는 일이 마음에 들지 않는다면 관두고 이직할 수 있다. 누군가의 허락이 필요하지 않다. 다른 일을 도전해 보고 싶다면 도전하면 된다. 선택에는 책임이 따르겠지만 자유 또한 주어진다. 셋째, 원한다면 무엇이든 배울 수 있다. 춤을 배우고 싶으면 직장이 끝나고 댄스학원에 가면 되고 유튜브 제작이 관심 있다면 동영상 편집 기술을 배우면 된다. 온라인, 오프라인 할 거 없이 검색 하나면 된다. 비용 또한 무료와 유료 중 선택할 수 있다. 무료 강의로 시작해서 더 심화 과정인 유료 강의를 들을 수도 있다. 시간 역시 원하는 대로 계획할 수 있다.

재능을 발견하는 일, 그리 어려운 일이 아닐 것이다. 재능을 더 뛰어난 재능으로 만들기 위해서는 두 가지가 필요하다. 하나는 적절한 방법의 교육과 피드백이고 나머지는 반복이다. 반복에 앞서 반드시 적절한 교육이 선행되어야 한다. 나는 아버지와 당구 치는 걸 즐긴다. 얼마 전에도 아버지와 충주 시내에 있는 당구장을 갔다. 서울 대학가에 있는 당구장을 가면 젊은 사람도 많지만, 보통 당구는 40~50대 이상 사람들이 많이 친다. 구력이라고 한다. 당구를 치는 사람에게 물어보면 스무 살 때부터 쳤다고 하는 이가 많다. 최소한 20년, 많게는 30년도 친 사람들이다.

그런데 왜 이들은 세계적인 선수가 되지 못하고 동네 당구장에 있을까. 10년 전이나 지금이나 똑같이 치기 때문이다. 이유는 배움을 멈췄기 때문이다. 당구를 막 시작했을 때는 당구 규칙부터 시작해서 자세 잡는 법, 길 보는 방법까지 열심히 배웠을 것이다. 어느 정도 칠 줄 알게 되었을 때 거기서 만족하고 배움을 멈춘다. 즉 성장하지 않는 것이다. 만약 이들이 자기보다 더 나은 전문가에게 계속 교육받았다면 어땠을까. 확실한 것은 내기 당구에서 따가는 돈이 더 많아졌을 것이다. 적절하지 않은 방법으로 반복만 한다면 다람쥐 쳇바퀴 돌 듯 그 자리에서 벗어날 수 없다. 인생도 당구와 마찬가지 아니겠는가. 현재 일에 만족하고 더 배우려 하지 않는다면 그저 나이만 먹을 뿐 달라지는 것은 없을 것이다.

군대를 전역하고 탁구를 배운 적이 있다. 어릴 적부터 아버지와 탁구 쳤지만 제대로 배워 본 적이 없어 한 번쯤 배워 보고 싶었다. 탁구장에 갔다. 기본자세를 잡고 연습하는 일은 지루했다. 거울을 보며 탁구채를 들고 같은 동작은 백 번씩 반복한다. 다리를 벌려 허리를 낮추고 탁구채를 눈높이까지 들어 올리는 동작은 마치 벌을 받는 듯한 느낌을 준다. 빨리 공을 치고 싶다. 하지만 관장이 시키는 대로 한다. 기계처럼 백 번을 반복한 후 처음으로 탁구공을 쳐 본다. 연습했던 자세가 나오지 않는다. 당장 공을 치기에도 급급했다. 신경 써야 하는 부분이 많았다. 그렇게 일주일이 지났다. 거짓말처럼 공이 쳐지기 시작하더니 공을 주고받는 개수가 백 번이 되있다. 탁구를 배워 보겠다고 결정했을 때는 금방 잘 칠 줄 알았다. 배워 보니깐 그게 아니었다. 단계가 있었다. 단계를 넘어갈수록 실력이 좋아지는 것도 함께 느꼈다. 실력이 늘수록 다음 단계까지 갈 수 있다는 자신감이 생겼고 그렇게 석 달을 배우니 자연스럽게 탁구가 즐거워졌다.

나는 무언가를 할 때 멈춰 서 있다는 기분이 들면 조급해진다. 헬스를 하면 몸이 좋아져야 하고 일을 하면 빠르게 성과를 내야 하며 누군가 내게 기대한다면 그 기대에 빨리 부응하고 싶다. 하지만 이제는 안다. 모든 건 단계가 있고 그 단계를 밟고 지나가야 한다는 사실을 말이다. 지름길은 영어로 'shortcut'이다. 긴 길을 잘라서 간다는 것이다. 그렇다면 짧아진 만큼 목적지에 빠르게 갈 수 있다. 온갖 고생을 하며 단계별로 목적지에 도착한 사람과 지름길을 통해 목적지에 도착한 사람을 눈으로 봤을 때는 결과물이 같다. 하지만 두 사람이 느낀 것은 분명 다를 것이다. 만약 다른 미션이 주어졌을 때, 그때도 결과가 같을까. 지름길만 찾지 말고 정도를 걸어야겠다.

7

면접도 기세다

자기 계발 서적을 보면 영업에 대해서는 꼭 배우라는 내용이 많다. 폭염 경보 문자가 두 번이나 온 날, 지하철을 타고 대구 시내에 카드사 면접을 보러 갔다. 사무실에 들어갔다. 직원들은 컴퓨터를 보며 바쁘게 일하고 있다. '어떻게 오셨어요?' 물어볼 법도 한데 아무도 관심을 주지 않는다. 입구와 제일 가까운 자리에 앉은 직원에게 말을 걸었다.

"안녕하세요. 오늘 4시에 면접 보러 온 홍석부라고 합니다."

"잠시만요."

직원은 사내 전화기로 담당자에게 전화를 걸었다. 잠시 후 40대 초반으로 보이는 남성이 들어왔다. 간단하게 인사를 한 후 우리는 문밖으로 나갔다. 알고 보니 사무실은 세 개로 분리되어 있고, 내가 들어간 곳은 지원팀이었다. 영업팀 사무실로 들어갔다. 면접을 보기 위해 의자에 앉았고 면접관은 가장 먼저 이향적인 사람인가에 관해 물었다. 내겐 세상에서 제일 쉬운 질문이었다. 나는 완전 외향적이기 때문이다. 사람 만나는 것을 좋아하고 처음 만나는 사람과도 쉽게 이야기한다.

"성향은 합격이고, 말 잘해요?"

말을 잘한다는 뜻은 무엇일까. 쉬지 않고 떠들라고 하는 거라면 자신 있다. 논리를 가지고 상대를 설득하는 것도 교육만 받는다면 어렵지 않을 것 같았다. 어릴 적 아버지께 웅변을 배웠고 크리스토퍼 리더십 과정도 수료했기 때문이다.

"좀 합니다."

면접관이 웃는다. 아마 이대로 가면 어렵지 않게 합격하겠다는 생각이 든다. 이제 내가 면접관이 될 차례이다. 회사도 날 선택하지만 나도 회사를 선택할 권리가 있다.

"여기 카드가 시중에 있는 다른 카드와 다른 점은 무엇인가요? 무엇을 강점으로 영업을 할 수 있나요? 제가 영업사원이 되기 위해서 기본적인 것은 먼저 알고 싶어서요."

면접관은 영업사원이 되면 배우게 될 것이라고 한다. 하지만 나는 확신이 서고 나서 일하고 싶었다. 마지못해 면접관이 이야기했다.

"신입사원이라 열심히 하라고 카드 신청해 주는 고객들도 있어요."

탈락이다. 내가 본 면접에서 면접관은 합격하지 못했다. 면접관이 회사 카드에 자신 있었다면 분명 내 마음을 울리는 이야기를 하지 않았겠는가. 면접을 마치고 일어서는데 면접관 표정이 좋지 않다.

2주가 지나 문자로 합격했다는 메시지를 받았다. 보통 일주일 안으로 연락이 온다. 아마도 면접관은 오랜 시간 동안 고민하지 않았겠는가. 가지 않았다.

'이 회사가 아니어도 된다. 내가 원하고 날 필요로 하는 곳은 많아.'

그 이후 나는 유치원 체육 교사 면접을 봤다. 여기 면접관은 지금까지 내가 봐 왔던 사람들과는 사뭇 달랐다. 사람이 여유가 있었고 면접 내용도 흥미로웠다. 면접관은 내게 물었다.

"아이들에게 앉았다 일어났다를 백 번 시켜야 해요. 어떻게 시키겠어요?"

나는 평생을 아이와 함께하는 일을 했다. 키즈카페, 구몬 교사, 공부방까지. 그러므로 자신 있게 대답했다.

"시합을 시키는 겁니다. 누가 먼저 백 번 앉았다 일어나는지 말이지요. 동기를 주고 승부욕을 자극하는 거죠."

면접관은 잠시 생각하더니 입을 열었다.

"그렇게 되면 교실에 가서 A가 B를 이겼다는 식으로 놀릴 수도 있고, B 친구는 속상한 마음에 집에 가서 체육이 재미없다고 이야기할 수도 있어요."

"제가 말씀드린 것은 A와 B, 친구 간의 경쟁이 아니라 선생과 아이들의 시합입니다. 물론 저는 질 생각이고요."

면접관이 웃는다. 보통 20분 정도 면접을 본다고 하는데 나와는 1시간을 이야기했다. 면접관이 마지막으로 물어봤다.

"석부 씨는 꿈이 무엇인가요? 이 일과 관련이 없어도 상관없어요."

지금 그런 질문을 듣는다면 작가가 되는 것이라고 자신 있게 말하겠지만, 당시에는 딱 떠오르는 꿈이 없었다. 면접관은 반드시 목표를 가지고 살아야 한다고 이야기하며 면접을 끝마쳤다. 면접관에게 직위를 물어보니 대표였다. 일요일 아침, 자고 있는데 전화가 온다.

"합격입니다."

이번에는 서로가 서로에게 합격점을 주었다.

내 주변에는 면접 결과를 기다리며 조급해하는 사람이 의외로 많다. 면접이 이미 끝났는데도 말이다. 고민하고 걱정한다고 해서 해결되지 않는다. 이러한 근심을 덜 수 있는 좋은 방법이 있다. 스스로 사랑하며 자존감을 높이는 방법이다. 희소성 원칙이라고 알고 있는가. 세상에 적게 존재하는 것일수록 그 가치가 크다는 원칙이다. 다이아몬드가 비싼 이유와 물이 싼 이유를 예시로 들면 이해가 쉬울 것이다. 누가 그러더라. 다이아몬드는 시궁창에 빠져도 빛이 난다고. 그렇다면 나의 가치는 어떨까? 희소성의 원칙에서 보았을 때 내 가치는 그 어떤 것보다도 귀하고 소중하다. 단 하나만 존재하기 때문이다. 면접 결과를 기다리며 초조해하는 여러분에게 이 글이 조금이라도 도움이 되었으면 좋겠다.

8

마음을 얻으면 자연스레 되는 마케팅

어릴 적 누구나 부끄러운 기억이 하나쯤은 있을 것이다. 나는 초등학생 때 구몬(학습지)을 했었다. 숙제하기가 싫었다. 해야 할 숙제가 왜 이렇게 많은지. 그 나이 땐 마냥 놀고만 싶었다. 매일 숙제를 내 주시는 선생님이 싫었다. 가끔은 학습지를 몇 장씩 찢어서 몰래 버리기도 했다. 구몬 선생님이 오셨다. 책상에 숙제한 학습지를 가져다 놓는다. 선생님은 빠르게 검사한다. 다행이다. 내가 몇 장 버린 것을 모르나 보다. 내 주신 문제를 푼다. 매일 비슷한 문제를 풀다 보니까 속도가 붙었다. 수업이 금방 끝난 기분이다.

"석부야, 선생님께 '감사합니다'라고 인사해야지."

선생님이 말한다.

"우리 엄마가 돈 주잖아요."

철없던 나는 속마음을 그대로 말했다. 선생님은 화는 내지 않으셨다. 차근차근 설명해 주셨던 것 같다. 하지만 어떻게 설명해 주셨는가는 기억이 나지 않는다. 저녁 무렵 어머니가 나를 불러 놓고 말씀하셨다.

"아들, 선생님께 그렇게 말하면 선생님이 상처받지 않겠어? 선생님 이제 못 나오시겠대."

그때는 그러려니 했다. 하지만 20년 가까이 지난 지금도 기억에 남아 있는 걸 보면 내 무의식에는 꽤 큰 사건이었나 보다. 말이 칼보다 무섭다는 것을 머리가 아닌 마음으로 알게 됐다. 할 수 있다면 지금이라도 가서 선생님께 사과드리고 싶다.

시간이 흘러 취업할 나이가 되었다. 가르치는 일을 잘하고 좋아하는 나는 구몬 교사에 지원했다. 면접을 보고 교육도 받았다. 그렇게 교원구몬 동대구지점에서 일하게 되었다. 내가 배정받은 지역은 대구에 있는 신암동, 복현동, 지묘동이었다. 신입 교사가 되면 첫 한 주일은 선임 교사를 따라다닌다. 다음 일주일은 지구장(팀장)과 함께 수업을 나간다. 오늘은 나 혼자 수업을 나가는 첫날이다. 떨리는 마음과 함께 학생 집 종을 누른다. 잠시 후, 어머니가 문을 열어 주신다. 거실 책상에는 학습지와 함께 학생이 앉아 있다. 구몬 수업은 간단하다. 먼저 숙제 검사를 한 후, 지난주에 풀었던 문제 중에 틀린 것을 고치게 한다. 이번 주 진도를 나가고 숙제를 내 주면 수업이 끝난다. 한 과목당 10분 수업한다. 만약 국어,

수학, 영어를 한다면 30분을 수업하게 된다. 수업을 마치면 어머님을 불러 오늘은 어떤 수업을 했고 무엇을 잘했는지, 앞으로 진도는 어떻게 나갈지 말씀드린다.

구몬 교사는 일주일에 두 번만 회사에 나간다. 학생들에게 줄 학습지를 챙겨야 하고, 사내 교육도 있기 때문이다. 교육 시간은 기존 회원에게 추가로 과목을 더 등록하게 하는 마케팅 기법을 배운다. 교육직 같지만 사실 영업직에 더 가깝다. 회사에서는 매번 교사들을 경쟁시켜 줄 세우기를 하고 영업을 잘한 상위 세 명에게는 수상한다. 실적이 좋지 않다고 구박하지는 않지만, 그렇게 되면 월급이 줄어든다. 고정 월급이 아니라 일한 만큼 가져가는 구조다. 다행히도 난 영업에 소질 있었다. 영업은 크게 두 가지로 나뉜다. 먼저 기존 회원에게 과목을 더하게 하는 과추(과목 추가)와 상담 문의 전화가 왔을 때 방문 상담을 통해서 많은 과목을 등록하게 하는 신규다. 나는 과추뿐만 아니라 신규에도 강했다. 유아 회원이 할 수 있는 과목에는 세 가지가 있다. 한글, 숫자, 독서다. 이 모두를 동시에 하는 것을 유아 CP라고 한다. 나는 짧은 시간 안에 유아 CP를 세 개나 했다. 회사 사람들은 신기해했다. 경력이 없는 교사가 무슨 노하우를 가지고 저렇게 영업을 하나 싶었는지 내게 비법을 물어봤다. 지금부터 내 비법을 공개하겠다.

기존 회원의 경우, 내가 가장 먼저 한 것은 아이들과 유대 관계를 쌓는 일이었다. 나는 기존 수업 방식대로 하지 않았다. 10분이라는 시간 안에 정해진 대로 일을 해야 하지만, 나는 그중 2분은 아이가 하는 시시콜콜한 이야기 또는 고민을 들어 주었다. 그리고 마지막 남은 1분은 동기를 유발하였다. 덕분에 짧은 시간 안에 아이들과 친해졌다. 그렇게 나는 두 달 동안은 다른 과목을 권하거나 언급하지 않았다. 아이가 나를 좋아하게 되었을 때, 학부모 또한 나를 대하는 태도가 달라졌다. 아이들은 나에게 잘 보이기 위해서 부모가 말하지 않아도 자발적으로 숙제를 하기 시작했다. 아이의 변화를 본 부모는 내게 먼저 물어봤다.

"우리 아이가 더 했으면 하는 과목이 있나요, 무엇을 더 해야 도움이 될까요?"

난 '시식' 전략을 썼다. 대형 마트 시식 코너 전략이다. 먼저 무료로 한 주 수업을 해 준다. 만약 한자 수업을 했는데 마음에 들어 한다면 한자 수업 한 과목만 추가한다. 이유는 간단하다. 갑자기 아이에게 두 과목이 추가된다면 분명 부담이 될 것이란 사실을 알기 때문이다. 아이가 한자에 흥미를 못 느꼈다면 과학을 가지고 와 본다. 그런데 여기서도 흥미를 느끼지 않는다면 부모에게 어떠한 과목도 추천하지 않는다. 단기적으로 보면 부모가 관심을 가졌을 때 여러 과목 밀어붙여야 하지만, 나는 회사 방침과 다르게 이 일이 교육업이라고 생각했다. 덕분에 신입 교사임에도 월 300만 원이라는 꽤 괜찮은 수입을 올렸다. 남과 같이 생각하고 시키는 대로만 했다면 불가능했을 것이다. 눈에 보이는 돈을 잡으려 한다면 그 돈은 점점 멀어질 것이다. 올바른 생각과 신념이 있다면 돈은 자연스레 따라온다고 생각한다.

과추에 대해 이야기했고 이번에는 유아 CP를 어떻게 성공했는가 풀어 보겠다. 나는 첫 상담 때 이야기한다.

"어머님, 우리 친구에게 숫자, 한글, 독서 중 어떤 것이 가장 중요하다고 생각되세요?"

이렇게 물어보면 본인이 생각하는 중요도에 따라 다르게 말한다. 하지만 세 개를 해야 할 필요성은 모두 인식하고 있다. 어머님들은 보통 한 과목을 해 보고 추가하는 식으로 이야기한다.

"아기가 너무 어려서요, 선생님과 잘 맞을지도 모르겠고……."

그렇다면 나는 반대로 세 개를 다 해 보고 줄여 보자고 말한다. 아이를 알아 가는 데 10분은 너무 짧다고 말한다. 대신 세 과목을 신청하시면 마음에 들지 않으셔서 과목을 두 개로 줄이더라도 20분 수업하고 10분은 아이와 놀겠다고 설득한다. 세상 어떤 부모도 자녀 교육에 쓰는 돈은 아끼지 않는다는 걸 알고 있다. 아이와 놀아 주는 일, 내가 제일 잘하고 자신 있는 일이다. 그렇기에 목소리에 확신이 있다. 그렇게 세 개로 시작한 과목은 내가 일을 그만두는 순간까지 두 개로 줄어들지 않았다. 마케팅이란 결국 고객에게 나의 진심을 전하는 과정이지 않을까.

초긍정 마인드

1

미루지 않기

'나머지 일은 내일의 나에게 맡기자.' 나는 할 일이 많아도 미루기를 좋아한다. 기한이 정해진 일이라면 미루고 미뤄서 최대한 마지막에 하려고 한다. 다들 비슷하지 않은가. 인터넷에서는 이것을 '사슴 공부법'이라고 한다. 사슴은 사자에게 쫓길 때 집중력이 가장 강해진다고 한다. 나도 마찬가지다. 예를 들어, 한 달 뒤에 토익 시험이 있다고 치자. 30일이라는 시간이 남았으므로 마음에 여유가 생긴다. 첫날은 책을 봐도 집중이 되지 않고, 영어 듣기를 해도 자꾸만 딴생각이 떠오른다. 그렇게 공부하는 둥 마는 둥 하다 보면 어느새 시험이 일주일 앞으로 다가온다. 이때, 집중이 잘된다. 매일 계획을 세우고 정해진 분량만큼 문제를 푼다. 오답 노트도 정리하고 부족한 부분은 인터넷 강의를 듣는다. 그렇게 시험이 하루 전날로 다가왔다. 공부가 너무 잘된다. 일주일만 더 있다가 시험을 보면 900점도 어렵지 않을 것 같다. 토익은 990점이 만점이고 900점은 일반 시험을 기준으로 90점 정도 맞는다고 생각하면 된다. 그렇게 시험 당일, 토익 시험장으로 향한다. 토익 시험은 총 200문제로 구성되어 있다. 100문제는 듣기 시험이고 100문제는 읽기 시험이다. 총 120분 동안 보는 토익 시험은 중간에 화장실을 가면 문제를 끝까지 못 풀 수도 있다. 그래서 시험 전에는 아무것도 마시지 않는다. 나는 주로 오전 시험을 접수한다. 토익 시험은 토요일, 일요일에 있는데 주말 오후에는 신나게 놀아야 하지 않겠는가. 시험장에 도착하면 그 특유의 무거운 분위기가 있다. 누군가는 틀린 부분을 빠르게 보며 넘어가고, 누군가는 단어장을 가지고 와서 단어를 암기한다. 또 다른 이는 듣기 감각을 올리기 위해 핸드폰에 이어폰을 연결하고 듣기 공부를 한다. 모두가 열심히 집중한다. '사슴 공부법' 중에서도 가장 집중력이 높아지는 시간 아니겠는가.

2시간 동안 200문제를 풀고 나면 얼굴이 후끈하다. 시험을 치는 동안 시계를 열 번도 더 보았을 것이다. 아직 풀 문제는 많은데 시간은 하염없이 흘러간다. 공부를 안 한 나를 탓하기보다 빠르게 지나가는 시간을 원망한다. 시험이 끝나면 결과는 2주 뒤에 공개된다. 나는 무슨 일을 했을 때 빠른 피드백을 원한다. 그래서 시험이 끝나면 토익 인터넷 강의 사이트에 있는 커뮤니티를 본다. 그날, 논란이 되는 문제를 가지고 토익을 본 학생들이 자기 말이 맞는다며 싸우기 시작한다. 시험을 보면 꼭 헷갈리는 한두 문제가 있지 않은가? 그때 '정답 소녀'가 등장한다. 정답 소녀의 정체는 아무도 모른다. 하지만 들리는 말에 의하면 토익 강사라는 말이 있다. 토익 시험은 시험이 끝나면 문제지를 제출해야 한다. 그런데 정답 소녀는 200문제 중 90퍼센트 이상을 기억해서 글에 재현해 놓는다. 정답만 써 놓는 것이다. 그렇게 써 놓은 답을 보면 내가 맞았는지 틀렸는지 알 수 있다. 내가 똑똑해서 그런 것이 아니다. 답을 보면 그냥 기억난다. 누구나 그럴 것이다. 내가 몇 점을 맞았는지 대략 계산이 된다. 그리고 속으로 생각한다.

'다음 시험은 더 준비하고 쳐야지.', '한 달 공부해야지.', '주말만 쉬고 바로 공부해야지.'

시험 접수 비용은 비싸지만 일단 시험을 보고 나면 후련하다. 다시 시험장으로 들어갈 수 없다면 남은 주말을 즐기기 위해 편한 마음을 가지는 것이 좋지 않겠는가. 그렇게 다짐만 하고 늘 같은 실수를 반복한다. 우리는 어떤 일을 맡겼을 때 빨리 처리해 주지 않으면 화를 내면서 정작 우리는 그 일을 미리 하지 않는다. 가령, 외주 업체에 일을 맡겨 놓고 퇴근 시간이 다 되어서 주면 왜 미리 주지 않았냐며 불평한다. 기한은 어차피 오늘까지인데 말이다.

좋은 성과를 내는 사람은 미리 해 놓는 습관을 지니고 있다. 나는 대학생 때 한양대학교로 학점 교류를 간 적이 있었다. 첫날에 교수가 들어와서 조별 과제를 내 준다. 제출 기한이 넉넉하다. 석 달이다. 6월에 발표하면 된다. 과제를 내 준 첫날, 팀을 만들었다. 주제는 '실패하고 있는 기업을 다시 성공으로 이끌 수 있는 전략'에 대한 것이다. 내가 다니던 학교 같으면 한 달 전부터 모여서 일주일에 한 번, 총 네 번으로 결과물을 만든다. 하지만 여기는 달랐다. 과제를 받은 날부터 준비한다. 그렇게 열두 번을 만나 결과물을 만든다. 어떤 것이 더 좋은 성과를 내겠는가.

나는 요즘 바뀌었다. 해야 할 일이 있으면 먼저 끝내 놓는다. 글을 읽었다. '일을 미루고 나중에 하나 지금 하나 그 일을 처리하는 데 드는 에너지는 같다.'라는 사실을 알았다. 하지만 사실 엄밀히 따지면 일을 미뤘을 때 에너지가 더 많이 든다. 나중에 일을 처리했을 때, 우리는 일이 남아 있기 때문에 신경을 쓰게 되기 때문이다. '아, 과제 해야 하는데.' 몸은 쉬고 있지만, 머리는 남아 있는 일에 대해 계속 생각하게 된다. 이것은 얼마나 손해인가. 사무직을 하는 사람도 마찬가지다. 오전에 일하러 가면 집중도 되지 않고 빨리 점심시간이 오면 좋겠다는 생각만 한다. 할 일은 산더미인데 일을 해내는 속도는 영 느리다. 퇴근 시간이 가까워지기 한두 시간 전부터는 신기하게 일이 잘된다. 몸이 일하는 환경에 적응했기 때문이다. 하지만 급한 일이 아니라면 우리는 일을 다 끝내 놓지 않은 채 내일의 나에게 미루게 된다. 그렇게 다람쥐 쳇바퀴 돌 듯 매일을 살아간다.

한 번은 권상집 교수님의 초대로 한성대학교에 간 적이 있다. 그날은 전 JTBC 사장이었던 손석희 앵커가 와 있었다. 오랜만에 가는 대학교 강의실, 4년 만에 뵙는 교수님, 유명 인사까지 설레는 부분이 많았다. 손석희 앵커는 강의 형식이 아닌 대담 형식으로 학생과 소통했다. 그중에 아직도 기억에 남는 말이 있다. 한 학생이 손을 들고 질문했다.

"앵커님, 앵커님은 사장 시절에 많은 신입 직원을 봐 오셨을 텐데, 어떤 직원이 가장 기억에 남으셨나요?"

"하나를 시키면 둘을 해 오는 직원은 이뻐할 수밖에 없더군요."

그 말을 듣자 머리가 땡 울렸다. 흔히 세간에 돌아다니는 여러 말 중에 이런 말이 있다.

'기본만 하자. 시키는 것만 하자. 너무 잘하려고 하지 말자.'

일을 잘하고 많이 한다고 해서 더 많은 급여를 받는 것은 아니다. 물론 그런 회사도 있겠지만 보편적으로는 프로젝트가 아닌 이상 그렇지 않다. 이런 생각을 하는 나로서는 신선한 충격이었다.

이제 사회생활을 시작하는 청년들에게 저 말이 얼마나 와닿을지는 모르겠다. 하지만 분명한 것은 우리가 누군가에게 일을 주었을 때, 그 일뿐만 아니라 관련된 일까지 해 오는 사람을 예뻐하지 않을 이유가 없다. 그러려면 미루는 습관을 고쳐야 한다. 급하게 일 처리를 하면 다음 일은 둘째 치고 주어진 일도 제대로 끝낼 수 없다. 내가 미루지 말아야 할 일은 글을 쓰는 일이다. 여러분이 미루고 있던 일은 무엇인가.

2

통제 불가능한 것은 잊어버리기

"면접 보고 왔는데, 자꾸 신경 쓰여. 내가 잘 말한 걸까. 좋은 점수를 받을 수 있을까?"

오랜만에 친구를 만나 밥을 먹었다. 한 회사에서 5년 동안 일을 하고 이제 이직을 준비하고 있는 친구는 여러 회사에 면접을 보러 다니고 있었다. 그중 이미 한 곳은 합격했지만, 연봉을 더 많이 주는 회사에 가고 싶어서 가지 않았다고 한다. 그러고는 말했다.

"그 회사라도 갈 걸 그랬나⋯⋯."

밥을 먹고 스타벅스에 갔다. A는 여전히 얼굴에 근심이 가득하다. 어제 보고 온 면접이 일상생활까지 영향을 주는 것 같았다. 이해된다. A의 MBTI 성향은 INFP이다. 좋게 말하면 신중하고 안 좋게 말하면 걱정이 많다. 나는 공감해 주고 좋은 말만 한다. 하지만 A에게 도움이 되지 않는 것처럼 보인다. 면접 결과가 나와야 A의 마음이 괜찮아지지 않을까 싶다. A는 이런 불확실성이 정말 싫은 것 같다.

세상 모든 것은 대부분이 불확실하다. 내가 수능 공부를 열심히 한다고 해서 반드시 좋은 점수를 받는 것은 아니다. 통제 불가능한 변수가 존재한다. 예를 들면 내가 비교적 약한 부분에서 문제가 많이 나올 수도 있고, 그 해에 N수생이 많을 수도 있다. 또는 시험장에서 듣기평가 할 때 스피커와 가까워 소리가 울려 들릴 수도 있다. 이것은 통제 불가능한 요소다. 면접 또한 마찬가지다. 내가 면접관이 아니다. 내가 할 수 있는 것은 '나를 보여 주고 오는 것'뿐이다. 평가는 면접관이 하며, 내가 그 회사와 어울리는 사람이라면 합격할 것이고, 그렇지 않다면 탈락할 것이다. 또는 나보다 더 나은 대체 후보가 없다면 붙을 것이고, 경력도 있고 실력도 좋은 사람이 있다면 그 사람이 붙을 것이다. 면접을 보고 난 후 내가 할 수 있는 것은 아무것도 없다. 할 수 있는 것을 다 하고 왔다면 불안해하며 하루를 낭비할 필요가 없다.

중요한 건 자신감이다. 나는 면접을 볼 때 '지금 회사가 아니더라도 내가 갈 수 있는 곳은 많아.'라는 마음가짐으로 면접을 본다. 면접관이 갑이고 내가 을인 관계가 아니라 서로가 면접을 보는 평등한 관계이다. 내가 면접관이라고 생각해 보자.

'저 친구 궁금하다. 어떤 사람이길래 자신감이 넘치지?'

'일은 좀 할 것 같은데, 많이 내성적인걸.'

둘 중 누구에게 합격점을 주겠는가. 다른 조건이 똑같다면 나는 앞 사람을 합격시킬 것이다. 인간의 호기심은 무엇보다 강력하다. 궁금증을 참지 못하고 선악과를 따 먹은 이브는 다른 나라의 이야기가 절대 아니다.

우리는 통제할 수 있는 일과 불가능한 것을 구분할 필요가 있다. 비가 많이 내려 회사에 늦었다. 다른 사람 역시 오지 않았다. 차가 많이 막히는 까닭이다. 비가 내려 지각을 한 상황은 통제 불가능한 상황이었을까. 결론부터 말하자면 아니다. '비는 내 마음대로 할 수 있는 것이 아니잖아.'라고 생각하는 사람이 있을 것이다. 그렇다. 신도 아닌 우리 인간이 날씨를 통제할 수는 없다. 하지만 지각을 하지 않을 수 있었다. 1시간만 일찍 나왔어도 늦지 않았을 것이다. 또는 버스가 아닌 지하철을 타고 올 수도 있었다. 일기예보를 보고 전날 회사 근처 숙박업소에서 잠을 잘 수도 있다. 즉, 지각과 비 오는 것을 인과관계로 생각하고 지각에 대한 정당성을 외치면 안 된다.

통제 불가능한 것을 바꿀 수 없다. 하지만 대신 태도를 변화시킬 수는 있다. 가장 먼저 내 힘으로 바꿀 수 없다는 것을 인지한다. 모든 것을 완벽하게 통제할 수는 없으며, 이해할 수 없는 상황들도 있다. 그럴 때는 상황을 받아들이고, 그것에 대해 자신을 비난하지 않는 것이 중요하다.

두 번째, 해야 할 일을 생각한다. 우리는 모든 것을 동시에 처리하거나 해결할 수는 없다. 통제 불가능한 상황에 신경을 쓸 경우, 우리가 중요하게 여기는 일에 충분한 에너지를 쏟을 수 없다. 시간을 잘 할애하기 어렵다. 따라서 우선순위를 두고 그것에 집중하자. 세 번째, 통제 불가능한 상황에서는 혼자서 모든 것을 감당하기 어렵다. 가족 또는 친구에게 연락하자. 지지를 받고 공감을 받는다면 기분이 좀 나아질 것이다. 물론 나를 잘 아는 사람이어야 한다. 그렇지 않다면 원하지 않는 충고만 듣고 기분이 더 안 좋아질 수 있다.

세상에는 뜻대로 되지 않는 일이 많다. 그럴 때마다 스트레스받으며 걱정만 한다면 나만 손해지 않겠는가. 우리는 물질적인 손해는 끔찍하게 싫어하면서 감정적인 손해에 대해서는 관대하다. 그렇기에 중요한 것을 놓치고 살 때가 많다. 인간은 행복하기 위해서 산다. 행복하기 위해서는 명문 대학 진학, 대기업 입사, 좋은 차를 몰며 한강이 보이는 집에 살아야 한다고 생각한다. 즉, 행복의 척도를 돈에 둔다. 하지만 행복의 본질은 세상을 바라보는 태도이다. 물질적으로 풍요롭다고 해서 행복할 수 있다면 부자들은 왜 자살하겠는가, 또 가난하거나 평범한 사람은 다 불행한 걸까. 부모님, 자식들 모두 건강하고 집에서 삼겹살을 구워 먹는 것만으로도 우리는 행복하다. 행복은 추구하는 것이 아니라 발견하는 것이다. 짧지만 긴 하루 속에서 우리는 어떤 행복을 발견할 수 있을까. 밤 11시가 되었는데 배가 고팠다. 보통은 참고 아침에 일어나서 먹지만 하루를 돌아보니 오늘 나를 행복하게 해 주는 일이 별로 없던 것 같았다. 배달 앱을 틀고 곱창 명가에서 1인 곱창을 시켰다. 30분이 지나서 음식이 도착했다. 곱창을 먹는데 맛있었다. 정확히 말하자면 행복했다. 이 이야기를 꺼낸 까닭은 간단하다. 행복은 스스로 찾을 수 있다. 지금 여러분이 행복했으면 좋겠다.

3

행복의 시작은 긍정이다

"너는 참 긍정적이다."

이런 말을 들을 때면 기분이 좋다. 나는 부정적인 사람보다는 긍정적인 사람이 되고 싶었다. 그렇다면 왜 부정적인 사람이 되고 싶지 않았을까. 겪어 봤기 때문이다. 누구나 주변에 부정적인 생각을 많이 하는 사람 한 명쯤은 있을 것이다. 그런 사람을 반기는 이는 없다. 아무리 좋은 이야기를 해 주고 달래도 자신의 부정적 감정에 사로잡혀 듣지 못한다. 문서 작업을 하다가 컴퓨터가 꺼져서 작업물이 사라지면 왜 속상하겠는가. 내가 들인 노력이 헛수고가 되었기 때문이다. 사람은 들인 노력에 대한 정당한 대가를 원한다. 그리고 그것이 순리대로 되지 않았을 때 허무함을 느낀다. 부정적인 사람을 피하는 이유도 이와 다르지 않다. 내가 그를 위해 한 행동이 의미가 없게 되는데 곁에 두고 싶겠는가. 나는 자존감이 높다. 나를 많이 사랑한다는 이야기다. 어릴 적, 모스 자격증 시험을 본 적이 있다. 모스 자격증 과목으로는 엑셀, 파워포인트, 워드, 아웃룩, 액세스가 있다. 엑셀, 파워포인트, 워드가 만만해 보였다. 그래서 학원을 한 달 동안 다니고 시험을 봤다. 시험공부는 따로 하지 않았다. 학원에서 수업만 잘 들어도 합격할 것이라고 자만했다. 시험을 접수하기 위해 홈페이지에 들어갔다. 과목당 응시료를 받는데 꽤 비쌌다. 대충 한 과목당 8만 원 정도 했다. 국제 자격증이기 때문이다. 시험은 학원에서 컴퓨터로 보고 시험 결과는 시험이 끝나는 즉시 나온다. 시험 당일, 나는 세 과목 모두 떨어졌다.

'돈 아깝다.'

학원을 나오며 처음 든 생각이다. 24만 원으로 할 수 있는 일이 떠오른다. 옷을 사도 몇 벌은 샀을 거고, 게임에 캐시 충전만 했어도 내 캐릭터가 얼마나 강해졌겠는가. 소고기를 사 먹을 수도 있는 돈이고 친구와 1박 2일 여행을 갈 수 있는 돈이다. 하지만 얼마 지나지 않아 이런 생각이 들었다. '좋은 경험 했다.' 24만 원을 아까워하며 공부를 열심히 하지 않은 나를 한탄하기 싫었다. 마음 아파 하고 싶지 않았다. 나는 누구보다 내가 소중했다. 그깟 돈은 다시 벌면 된다는 생각이었다. 나는 학창 시절 공부를 잘하지도 못했고 사회에서도 일머리가 좋지 않았다. 노력 대비 성취한 것이 많이 없었다. 그래도 행복했다. 나는 특출나지 않은 나를 사랑하기 위한 수단으로 '긍정'을 활용했다.

앞서 말했듯 열심히 노력한다고 반드시 좋은 결과물이 따라오지 않는다. 그럴 때마다 불행해져야 한다면 인생은 행복한 순간보다 불행한 순간이 훨씬 더 많을 것이다. 아홉 번 행복한 기억보다 한 번의 불행한 기억이 오랫동안 기억된다. 어릴 적, 부모에게 들었던 좋은 말보다 부모가 했던 심한 말이 지금까지 상처로 남아 있는 걸 보면 말이다. 나는 교육가 집안에서 자랐다. 아버지는 초등 학원 원장이셨고 어머니는 유치원 원장을 하셨다. 부모님은 책도 많이 보셔서 지적이었고 무엇보다 나를 존중하며 키워 주셨다. 하지만 부모 역시 사람이다. 기분이 안 좋은 순간에는 짜증을 낸다. 욕 비슷한 것도 했다. 지금도 마음에 남아 있는 말이 있다.

"지아하네."

문맥이 없으니 무슨 말인지 이해가 되지 않을 것이다. 내가 느낀 저 문장의 진짜 뜻은 '지랄하네.'였다.

자존감이 높은 나는 저런 말을 받아들이기엔 어렸다.

나와 제일 친한 친구 P는 말한다.

"야, 저게 욕이냐. 우리 아빠는 XX새끼, X 같은 놈, XX놈 갖가지 욕을 다 하신다."

아마 어릴 적부터 저런 욕에 익숙해져 있다면 나도 상처를 덜 받지 않았을까. 이 글을 읽는 독자 중에서 '겨우 저런 말이 상처가 됐다고? 온실 속에서 자랐네.' 생각하는 이가 있을 것이다. 이 부분을 다루기에 앞서 일화를 하나 얘기하겠다.

최근에 충격적인 사건이 있었다. 상을 보러 이마트에 갔다. 물건을 사고 있는데 바로 앞에 가족이 있었다. 아빠와 엄마 딸 둘이었다. 큰딸은 초등학생은 되어 보였고 작은딸은 유치원생 같아 보였다. 막내딸은 카트에 타서 구슬 아이스크림을 먹고 있다. 아이스크림이 맛있는지 엄마한테 말한다.

"엄마, 이거 진짜 맛있어. 먹어 봐."

그러고는 조그만 손으로 아이스크림을 떠서 엄마한테 권한다. 그 순간 엄마는 짜증을 내며 딸의 머리를 손으로 때린다.

"안 먹는다고 했잖아. 귀찮게 굴지 마. 엄마 바쁜 거 안 보여?"

우리 가족한테는 상상할 수도 없는 일이었다. 만약 우리 엄마가 나한테 저랬다면 나는 한 달 동안 엄마랑 이야기도 안 했다. 그런데 어린 딸의 반응은 어떠했는지 아는가.

"이거 맛있는데……. 그러면 계속 먹어야겠다."

아이스크림을 보며 웃는다. 머리를 맞았다는 사실을 크게 신경 쓰지 않는 모양이다. 이 아이, 크면 내 친구 P와 같이 말할 것이다.

"그게 욕이냐, 나는 맨날 맞으면서 컸어."

자라 온 환경이 다르기에 누군가에게 말할 때는 항상 조심해야 한다. 내가 살아온 조각이 모여 현재 나를 만들었듯 그 사람을 만든 과거를 모르기에 우리는 쉽게 조언하면 안 된다.

　본론으로 돌아와서 내가 긍정적으로 생각하며 살게 된 계기는 상처받기 싫어서였다. 안 좋은 상황에서도 좋은 생각을 하다 보니 부정적인 기억은 금방 잊었다. 부정적 생각은 긍정적 생각보다 힘이 강하다. 그렇기에 우리는 오만가지 걱정을 하며 살아간다. 걱정이 없을 수는 없겠지만 쓸모없는 걱정을 하며 살기에는 손해라는 생각이 든다. 긍정적으로 생각하면 일도 잘 풀리는 느낌이다. "말이야 쉽지, 사람 성향 안 바꿔어."라고 말하는 이도 있다. 그럼 묻고 싶다. 노력은 해 보았는가. 우리는 해 보지 않고 겪어 보지 않고 지레짐작하는 경우가 너무도 많다. 긍정적으로 생각하는 노력을 한다고 해서 우리가 감수해야 할 위험이 없다면 한번 도전해 보아도 괜찮지 않겠는가.

4

키가 작기에 생긴 자신감

대구 동촌유원지 안에 있는 한 고깃집에서 한우를 먹고 있었다. 오랜 만에 먹는 소고기라서 정신없이 먹는다. 부모님 철칙, 다른 곳에는 돈을 다 아껴도 먹는 것에는 아끼지 말자란 사실을 알고 있는 나는 부모님과 외식하면 마음껏 음식을 먹는다. 비싼 음식으로 행복을 느끼게 해 주는 부모님께 늘 감사하다. 엄마를 쳐다보니 천천히 드신다. 고민이 있으신 걸까.

"엄마 아는 지인분이 아들이 있어. 그런데 키가 작대. 아마 아들보다 조금 더 작을 거야. 키가 작다는 사실 때문에 아들도 힘들고 그 엄마도 힘들어한대. 엄마는 심지어는 우울증까지 왔다고 하더라고. 우리 아들도 키가 작은 편이잖아. 아들이 무슨 말을 해 줄 수 있을까?"

내 이야기를 먼저 하겠다. 나는 키가 작다. 170센티미터가 조금 되지 않는 169센티미터다. 대한민국 성인 남자 키를 비교해 보면 평균보다 4센티미터가 더 작다. 평생을 작게 살았다. 어릴 적, 소풍을 가도 항상 맨 앞줄에 서 있었고, 교실에서도 뒷자리에 앉아 본 기억이 잘 없다. 또래 남자애들은 중학교 2학년에서 3학년 이후에 큰다. 나는 비교적 빠른 나이인 열세 살, 열네 살 때 키가 많이 컸다. 그래서 그 시기만 유일하게 키가 크다는 것이 어떤 기분인지 알 수 있었다. 자신감이 생기고 누구와 싸워도 질 것 같지 않다는 생각이 든다. 딱 1년 6개월, 우월한 기분을 느낀 후 나는 다시 상대적으로 작아졌다. 괜찮다. 익숙한 감각이다. 엄마한테 말한다.

"엄마가 아시는 대로 저는 제가 잘생겼다고 생각했어요. 키가 조금 작아도 잘생기면 된 거잖아요. 사촌 형들이 다 180센티미터를 넘지만 괜찮아요. 키를 넘어서는 매력을 가지면 되는 것 아니겠어요? 성장판은 이미 닫혔고 키는 크지 않는다는 사실을 알아요. 키 때문에 스트레스를 받기보다 그 시간에 제 강점을 발견하고 개발하는 편이 낫다고 생각했어요."

그래서 나는 기타를 배웠고 리더십 센터를 다녔으며 이성에게 호감을 얻기 위해 여자 심리와 관련된 책도 읽었다.

거짓말이 아니라 어릴 적, 거울을 볼 때마다 스스로 잘생겼다고 생각했다. 하얀 피부와 큰 눈, 작지만 비율 좋은 몸을 보며 자아도취에 빠졌다. 덕분에 키는 작지만 주눅 들지 않았다. 속상한 순간은 있었다. 나보다 어리고 작았던 동생들이 내 키를 넘어서는 순간이었다. 하지만 그것도 잠시였다. 인간은 적응의 동물이라는 표현이 딱 맞다. 학창 시절, 키가 작은 남자보다는 큰 남자가 이성에게 인기가 많았다. 생각해 보면 학창 시절뿐만이 아니다. 우리나라는 유독 '키가 큰 남자'를 좋아한다. 실제로 서양 국가는 키를 크게 신경 쓰지 않는다. 키가 작아도 자신감 넘치는 남자 많고, 키가 크다고 '멋지다'라는 표현을 잘 사용하지 않는다. 뚱뚱한 여자도 비키니를 입고, 작아도 스타일 좋은 사람이 많다. 외모보다는 개성을 중요시하는 문화 때문일 것이다.

'키'를 중요시하는 문화에서 키가 크다는 것은 굉장한 이점이다. 회사 면접 때도, 이성 친구를 만날 때도 말이다. 하지만 나는 키가 작아서 손해 본다고 느낀 적이 없었다. 작은 키 대신 높은 자신감으로 면접을 봤다. 이성 친구를 만날 때는 외적인 모습보다는 내면의 성숙함을 어필했다. 나는 작다. 하지만 초등학생 때부터 성인 때까지 꾸준히 여자 친구를 사귀었다. 여자 친구들의 키는 대부분 나와 비슷했었다. 키는 사는 데 아무 문제가 되지 않는다. 어제, 우연히 TV 프로그램 강심장 리그를 보았다. 키가 작은 허경환은 키 큰 여자를 좋아한다고 한다. 본인이 작기 때문에 여자 친구마저 작으면 "좀 그렇다."라는 말을 한다. 키 큰 여자를 사귀게 되면 본인의 자신감이 올라간다고 한다. 왜냐하면 다른 사람이 허경환의 여자 친구를 보며 이렇게 생각할 것이라고 한다. '쟤는 키도 작은데 어떻게 저렇게 이쁘고 키 큰 여자를 만났지?' 그런 상상을 하면 더 기분이 좋아진다고 한다. 허경환과 마찬가지로 자신의 단점을 보완해 줄 사람을 찾아도 된다. 그 또한 단점을 극복하기에 좋은 방법이다. 사람은 완벽할 수 없다. 모든 걸 잘할 수도 없다. 암기력이 좋다고 말하는 사람이 남들은 쉽게 하는 당연한 일을 못 하는가 하면, 천재라고 평가받는 사람이 신발 끈 하나도 제대로 못 묶는다. 그래도 사람들은 그들을 천재라고 부른다. 강점을 극대화해서 단점을 보완한다.

우리는 나도 모르게 타인과 나를 비교하며 살아간다. 나도 매일 비교했다. 헬스장 샤워실에서 몸 좋은 사람을 보면 말이다. 세 부류의 사람이 있다. 몸이 좋은 사람, 나와 비슷한 사람, 몸이 좋지 않은 사람. 하지만 내 머릿속에는 몸이 좋은 사람이 오래 기억된다. 그래서 몸 좋은 사람이 많다고 느끼는 걸 수도 있다. 이처럼 나보다 일을 잘하는 사람, 나보다 키가 큰 사람, 나보다 옷을 잘 입는 사람, 나보다 돈이 많은 사람, 나보다 인기 많은 사람 등 누가 그렇게 하라고 한 것도 아닌데 우리는 스스로 비교하며 작아지려 한다. 이제는 그러지 않아야겠다. 나는 다른 사람이 아닌 나와 비교한다. 한 달 전, 반년 전, 1년 전 나를 생각한다. 나는 아주 좋아졌고 앞으로는 더 멋있어질 것이다.

요새는 탁구장을 다닌다. 내가 가는 탁구장은 5060으로 보이는 사람이 제일 많다. 한창 탁구 치고 앉아서 쉬고 있는데 옆에 있던 아주머니가 말을 건다.

"몇 살이에요?"

그러고는 1번 다이에서 치시는 분은 나이가 얼마고 저분은 나이가 얼마고를 이야기한다. 이야기를 들어 보니 칠십을 넘는 어르신도 꽤 있다. 심지어 그 나이에도 관장한테 레슨을 받는다. 저분들은 나보다 오래 사셨음에도 불구하고 눈에는 생기가 가득하다. 왜 그럴까. 단점을 보완하고 장점은 살려 계속 발전시키려 노력하기 때문이지 않을까. 나이는 숫자에 불과하다는 말은 한계를 스스로 정하지 말라는 말과 같다. 이런 마음가짐으로 산다면 사는 게 조금은 더 재밌어지지 않겠는가.

5

웃음의 진정한 가치

거울을 보니 웬 아저씨가 한 명 서 있다. 이상하다. 어렸을 때만 해도 동안이라는 이야기 많이 들었다. 친구와 술집을 가서 술을 시키면 아르바이트생은 내 얼굴을 유심히 쳐다보며 신분증을 보여 달라고 했다. 버스를 탈 때도 기사님이 나를 고등학생으로 착각하고 학생 요금으로 찍으려던 적도 몇 번 있었다. 그런데 나이 서른이 넘어서는 순간 동안이라는 소리는 들을 수가 없었다. 나이에 맞는 외모를 가졌으니 좋아해야 하는 걸까. 이제는 신분증 검사를 하자고 하면 괜히 기분이 좋아진다. 친구들과 있으면 서로 자기 덕분에 신분증 검사한 것이라고 장난치기도 한다.

머리카락이 많이 자랐다. 오늘은 신림역에 있는 이훈ALL30000 미용실에 갔다. 미용실은 집 앞 5분 거리인데, 내가 여기를 다니는 이유는 간단하다. 가격이 싸다. 남자 커트 8,500원이고 파마하더라도 4만 원이 넘지 않는다. 건물은 허름해 보이지만 미용실 안으로 가면 내부는 깨끗하다. 커트하러 갈 때는 예약을 따로 하지 않는다. 예약하기가 어렵지는 않지만 귀찮다. 에너지가 낭비된다. 만약 예약 손님만 받는 미용실이라면 나는 아마 다른 곳을 다녔을 것이다. 집에서 책 한 권을 가지고 왔다. 기다리는 동안 책을 읽으면 시간도 잘 가고 자투리 시간을 활용하는 것 같아 괜히 뿌듯하다. 미용실에 도착하니 손님이 한 명밖에 없다. 자동문이 열리고 오른쪽에 있는 카운터를 보니 내가 좋아하는 원장이 있다. 그 옆에는 새로 온 디자이너가 있었다. 딱 느낌이 신입이었다. 게다가 내가 이 미용실을 6개월 동안 다니면서 본 적 없었다. 나이가 좀 있으신 분이었다.

"안녕하세요."

인사를 건넸다. 예약했냐고 묻는 말에 하지 않았다고 답했다. 평소 내 머리를 잘라 주시는 원장님은 이번에는 신입 디자이너에게 나를 맡겨 보고 싶은 눈치였다.

"예약 안 하셨으면 다른 디자이너분도 괜찮을까요?"

나는 흔쾌히 알겠다고 말씀드렸다. 신입 디자이너를 보니 내 신입 시절이 떠올랐다. 차를 몰고 대구 '으뜸유치원'에 갔다. 차 안에서는 떨리기도 하고 걱정도 되면서 흥분이 되는가 하면 가슴 벅차기도 했다. 유치원에 가는 동안 오만가지 감정이 나타났다 사라졌다. 잠깐 추억을 떠올린 후 안내받은 자리에 앉았다.

"웃으면서 들어오시니까 너무 귀여우세요. 오늘 좋은 일이라도 있으신 거예요?"

디자이너가 물었다. 내가 웃으면서 들어왔다는 사실을 자각하지 못했다. 기분 좋은 일도 딱히 없었다. 디자이너는 머리를 자르는 내내 웃음에 관한 이야기를 했다. 나이를 물어보더니 동안이라고 했다. 아마 잘 웃어서 그래 보인다고 말한다. 이 글을 읽는 독자는 생각할 것이다.

'디자이너가 그냥 립서비스한 것 같은데 너무 자랑하는 거 아니야?'

나 역시 처음에는 그렇게 생각했다. 이야기를 나누다 보니 이 디자이너는 '웃음'이라는 것을 참 중요시하는 사람이란 걸 깨달았다. 그래서 문득 궁금해졌다.

"선생님은 어떨 때 웃으세요?"

"글쎄요……. 예전에는 곧잘 웃었는데 요새는 웃을 일이 많이 사라졌어요."

이유를 여쭤봤다. 나는 디자이너 얘기를 귀담아들었다. 경제적으로 빠듯하다 보니까 여유가 없어서 웃을 일이 적어졌다는 것이었다. 가정이 생겼고 아이를 키워야 했고 돈을 많이 벌어야겠다는 생각밖에 없었다고 한다. 거기에 코로나까지 겹쳤다. 나는 이런 생각이 들었다.

'형편이 안 좋아서 힘든데 웃음까지 잃어버리면 그것은 너무 손해 아

닐까?'

웃음과 경제 여건이 사실은 크게 상관관계가 없지 않을까. 상관관계가 있다면 부자들은 맨날 웃어야 하지 않는가. 오히려 드라마 속 부자를 보면 늘 인상을 쓴다.

윌리엄 제임스는 멋진 말을 했다.

"행복해서 웃는 것이 아니라 웃어서 행복한 것이다."

디자이너는 매일 손님이 말하는 것을 듣는다. 사실, 사람은 듣는 것보다는 말하는 것을 더 좋아한다. 그래서 오늘은 듣는 사람이 아니라 하는 사람이 되게 하고 싶었다. 나는 묵묵히 이야기를 계속 들었다. 이야기를 듣다 보니 이 디자이너의 마음 한편에는 '웃음을 찾고 싶다.'라는 소망이 있는 것처럼 느껴졌다. 내가 그런 사람이 되고 싶은 욕망이 있기에 다른 사람을 부러워하는 것이다. 머리카락을 다 잘랐다. 계산하고 가려고 하는데 디자이너가 마지막으로 한마디 했다.

"오늘 손님을 만나서 많이 웃었습니다. 감사합니다."

디자이너는 웃긴 사람을 만나면 웃음이 나온다고 했다. 아이러니하다. 나는 웃긴 이야기를 하나도 한 적 없다. 그저 듣고 질문을 했을 뿐이다. 살면서 웃긴 순간이 언제였는지. 아이들 키울 때 많이 웃지 않으셨는지. 그러면서 스스로 돌아보게 되었다. 내가 웃는 순간은 언제였으며 이유는 무엇일까. 나는 그냥 웃는다. 웃으며 사는 것이 당연하다. 마지막에 웃는 사람이 이기는 것이라는 말처럼 여러분도 웃음을 잃지 않았으면 한다.

6

부정적인 사람은
죽었다 깨어나도 모를 비밀

책에서 말하는 행복해지는 방법은 두 가지다. 하나는 돈을 모으는 것이다. 모은 돈으로 행복한 미래를 상상하면 현재의 고통을 이겨 낼 수 있다. 다른 하나, 더 행복해지는 방법은 당장 돈을 쓰는 일이다. 그 비밀을 알고 있는 MZ세대는 과거 어떤 기성세대보다도 소비를 더 많이 한다. 분위기 좋은 카페에 가서 커피와 디저트값으로 몇만 원을 쉽게 쓰기도 하며 가지고 싶은 물건이 있다면 돈을 빌려서라도 산다. 그러한 소비 성향을 대표하는 말이 'YOLO'이다. YOLO란 You Only Live Once의 약자로, '인생은 오직 한 번뿐'이라는 의미가 있다. 언제 죽을지도 모르는 한 번뿐인 인생 멋지게 살자는 것으로 풀이된다. 우연히 유튜브 채널 '박괜찮'에 들어가 본 적이 있다. 현재 40대인 그녀는 자신의 삶을 골로족이라고 말한다. 30대 그녀는 욜로족으로 살면서 해외여행도 다니고 비싼 취미 활동을 하며 버는 족족 다 써 버렸다. 젊을 때는 욜로족으로 살면 재미있게 산다고 사람들이 칭찬한다. 친구와 같이 어울리다 보면 돈을 저축하지 않는다는 것에 대한 죄책감도 사라진다. 다들 그렇게 산다고 생각할 테니 말이다. 40대가 되어서 주변을 둘러보니 주변에 아무것도 남지 않았다고 한다. 그래서 그녀는 부모님을 탓했다. 힘든 나를 왜 도와주지 않느냐고. 왜 내가 이렇게 망할 때까지 말리지 않으셨냐고. 절대 변하지 않는 진리가 있다. 아무도 내 인생을 대신 살아 주지 않는다. 누구도 내 인생을 책임져 주지 않는다. 심지어 그것이 부모라고 할지라도 말이다. 회복 탄력성에 대해 알고 있는가. 고난과 시련을 발판 삼아 딛고 일어나는 힘을 말한다. 우리는 누구나 회복 탄력성을 가지고 있다. 30대를 낭비해서 40대를 힘들게 보내고 있는 '박괜찮'에게 책이 나오면 선물하고 싶다. 앞서 여러 번 이야기 했듯이 인생은 인과응보다. 이 말을 긍정적으로 풀어 보면 앞으로 인생을 만들어 갈 수 있다는 것이다. 40대가 많은 나이라고 할 수 있는가. 나는 매주 글쓰기 수업을 듣는다. 줌으로 온라인 수업이 진행되는데 반드시 카메라를 켜고 들어야 한다. 다른 수강생도 볼 수 있다. 구체적인 나이는 모르지만 40대, 50대가 20대, 30대보다 압도적으로 많다. 이들 모두 인생 제2막을 준비하는 것이다. 늦었다고 말할 때가 가장 빠를 때라는 말이 있지 않은가.

우리 힘으로 거스를 수 없는 것이 세상에는 너무나도 많다. 시간을 되돌려 과거로 돌아갈 수도 없고, 비가 오는 것을 멈추게 할 수도 없다. 중력을 없앨 수도 없다. 하지만 다행인 것은 극복할 수 있는 것이 있고 긍정적으로 변화시킬 수 있는 것도 많다. 시간을 되돌릴 수는 없지만 앞으로 남은 시간을 의미 있게 보낼 수 있다. 비가 오는 것을 멈추게 할 수는 없지만, 내리는 비를 보며 좋은 아이디어를 떠올릴 수 있다. 중력을 없앨 수는 없지만, 인류는 결국 우주로 로켓을 보냈다.

친구 커플과 함께 네 명이서 가평에 있는 빠지에 놀러 간 적이 있다. 빠지는 수상 레저를 즐길 수 있는 곳을 말한다. 30년 살면서 한 번도 가 보지 못했다. 새벽 5시에 눈이 떠졌다. 신림동에서 가평 빠지까지는 차로 2시간이 걸렸다. 7시에 일어나서 준비하고 8시에 출발하는 것이 계획이었지만, 수학여행 가는 학생처럼 잠이 오지 않았다. 뒤척이다가 옷을 입고 바깥으로 나왔다. 헬스장에 갔다. 도착하니 5시 반이었다. 헬스장은 24시간 열려 있었고 새벽부터 운동하는 사람이 어림잡아 스무 명쯤 됐다. 출근 전 운동을 하기가 쉽지 않은데 다들 대단하단 생각이 들었다. 내 목적은 근육 펌핑이었다. 열심히 몸을 만들었으니 뽐내고 싶었다. 턱걸이를 하러 갔다. 턱걸이는 등 운동이다. 나는 턱걸이 하는 사람을 보면 신기해했다. 자기 무게를 들어 올리는 것이 대단하게 느껴졌고, 등 근육은 평소에 잘 쓰지 않기 때문에 턱걸이 하는 동작이 익숙하지 않았다. 작년까지만 해도 단 한 개의 턱걸이도 하지 못했다. 문득 철봉을 샀고 턱걸이 밴드를 사서 집에서 연습했다. 턱걸이 밴드로 열 개쯤 했을 때 밴드 없이 턱걸이에 도전했다. 얇은 내 두 팔이 몸을 들어 올리기란 역시 힘들었다. 그래서 팔에 근력을 먼저 키웠다. 그리고 매일같이 문틈 철봉에 매달렸다. 한 달쯤 지나니 철봉에 몸이 절반은 올라갔다. 눈에 보일 때마다 턱걸이를 도전했다. 일을 마치고 집에 온 저녁, 어제처럼 철봉에 매달려 턱걸이 하는데 한 개를 성공했다. 한 개를 올리니 두 개, 세 개는 금방 늘었다. 현재는 열세 개까지도 가능하다. 운동을 마쳤다. 근육이 올라와서 몸이 제법 좋아 보인다. 샤워하고 집에 오는데 발걸음이 가볍다. 새벽을 아주 생산적으로 보냈다. 집에 도착해서 준비하고 빠지에 갔다. 2시간을 달려 도착한 빠지는 나와 여자 친구를 제외하고는 한 팀밖에 오지 않았다. 대기실에서 간단하게 점심으로 라면을 먹었다. 시간이 조금 지나니 친구네 커플이 왔다. 인사를 하고 기구를 타기 위해 물놀이하는 곳으로 내려왔다.

보트는 세 개가 있었고 보트에 줄을 이어 타는 기구는 8개가 있었다. 경사가 심한 높은 미끄럼틀도 있었고 그 옆에는 블롭 점프하는 곳도 있었다. 블롭 점프는 거대한 쿠션이 물 위에 떠 있고 한 명은 그 쿠션 끝에 앉는다. 반대편에서 사람이 낙하하면 앉아 있던 사람이 높이 날아가는 기구이다. 내 차례. 떨리는 마음으로 쿠션 끝 지점에 앉아 있다. 하나, 둘, 셋 소리와 함께 남자 사람이 높은 곳에서 쿠션으로 떨어졌고 나는 날았다. 발이 땅에서 떨어져 있는 감각이 무서웠다. 하늘로 떠오른 나는 물을 향해 빠르게 떨어졌다. 아마 다시 하라고 한다면 안 하겠다. 떨어질 때 오른쪽 귀부터 떨어져서 아팠던 탓이다. 그렇게 잘 놀고 숙소에 들어갔다. 숙소는 민박집 느낌이다. 침대도 없었고 두 명이 누우면 남는 공간도 없었다. 저녁에 친구 커플과 술을 먹는데 숙소 이야기가 나왔다.

"여기 완전 별로지 않아? 화장실에 곰팡이도 있는 것 같고." 친구가 말한다.

"나이 들수록 더 편한 걸 찾을 테니까, 우리가 오늘 여기서 자는 건 굉장히 좋은 타이밍인 거야."

친구는 웃더니 긍정적이라고 칭찬해 주었다. 불평할 수도 있다. 하지만 나는 여기서 자는 지금이 행복했다. 더 나쁜 환경이었어도 만족했을 것이고, 더 좋은 환경이어도 만족했을 것이다. 중요한 것은 어떤 환경이냐가 아니다. 그 환경을 바라보는 태도이다. 우리는 돈을 모으기도 하고 쓰기도 하면서 행복할 수도 있다. 하지만 마음가짐을 바꾸는 것이 행복으로 가는 가장 빠른 방법일 것이다.

7

착각을 대하는 태도

    글쓰기 수업을 수강하고 두 달이 지나서 본격적으로 글을 쓰기 시작했다. 초고는 말하듯 편하게 쓰면 된다는 말에 시작했지만 글 쓰는 일은 쉽지 않았다. 글 쓰는 어려움을 이겨 내기 위해 강의에서 배운 대로 두 가지를 생각하고 글쓰기를 시작했다. 첫째는 핵심 메시지, 둘째는 스토리텔링이다. 글쓰는 작가가 아니더라도 일상생활을 하다 보면 여러 감정을 느끼고 그 안에서 깨달음을 얻기도 한다. 가령, 길을 가는 청년을 보았는데 그 청년이 밝게 웃고 있다. 여기서 어떤 메시지를 얻을 수 있을까? 나는 '웃는 사람을 보니 나도 기분이 좋아졌다. 자주 웃어서 다른 사람에게 힘이 되는 사람이 되어야지.'가 떠올랐다. 코로나 이후 고금리, 고물가 시대에 접어들면서 경제 상황은 점점 어려워졌다. 과거 어느 때보다 '경쟁'을 외치며 치열하게 살아야 생존할 수 있는 사회다. 사람들에게 물어보면 웃을 일이 많이 사라졌다고 말한다. 하지만 생각해 보자. 좋은 일이 있을 때만 웃어야 할까. 좋은 일이 있으면 웃음이 나올 것이다. 사실관계다. 하지만 인과관계를 살펴보자. 좋은 일이 있어서 웃을 수 있겠지만 웃다 보니깐 좋은 일이 생길 수 있다. 전 직장 대표는 내가 웃는 모습을 자주 따라 하고는 했다. 그 모습을 본 나는 어이가 없어 또 웃었다. 그렇게 서로를 보며 웃던 우리는 서로의 고민을 털어놓을 만큼 가까운 사이가 되었다. 서울에 오게 되어서 직장을 구해야 했는데, 대표의 소개로 큰 노력을 하지 않고 이직을 하게 되었다. 인상을 쓴 사람보다는 웃는 사람에게 사람이 모이기 마련이고, "사람이 답이다."라는 말처럼 관계를 잘 구축해 놓으면 필요할 때 도움이 되는 순간이 분명히 있다.

메시지를 잡았으면 스토리텔링을 해야 한다. 여기서 중요한 것은 눈에 보이듯 글을 쓰는 것이다. 예를 들면, 팀장이 화를 냈다고 쓰는 것이 아닌 팀장은 소리치며 들고 있던 서류를 바닥에 던졌다고 표현하는 것이다. 나는 이 부분에 신경을 많이 썼다. 초고를 작성하고 나면 어머니께 보여 드렸다.

"우리 아들은 글쓰기에 소질 있다니까."

글을 쓰며 어머니께 가장 많이 들은 이야기다. 학창 시절, 언어 영역에서 좋은 점수를 받은 것도 아니었고 독서를 많이 한 것도 아니었지만 왠지 모를 자신감이 생겼다. 넉 달에 걸쳐 초고 작업을 끝내고 퇴고를 시작했다. 첫 번째 쓴 글을 보았다.

'나 글 엄청 못 썼네.'

반복되는 단어와 문장도 많았고 문맥에 어긋나는 표현도 있었다. 메시지도 뚜렷하지 않았다. 하지만 기뻤다. 처음 쓴 글이 이상하다고 느꼈다는 것은 내가 성장했다는 증거기 때문이다. 처음 글을 다시 보기까지 넉 달이 흘렀다. 그동안 글쓰기 수업도 열심히 들었고 매일 쓰기 위해 노력했다. 개인 저서를 쓰며 공저도 출간했다.

내가 글을 잘 쓴다고 착각했다. 덕분에 한 편의 책을 낼 수 있었다. 나는 잘생겼다. 어린 시절 거울을 보며 생각했다. 커서 보니까 착각이었다. 하지만 덕분에 자신감 있게 학창 시절을 보낼 수 있었고 작은 키 대신 높은 자존감 때문에 이성 교제도 잘했다. 우리의 뇌는 참 신기하다. 현실은 그렇지 않은데 내가 생각한 그대로 믿지 않는가. 내가 보고 믿는 것이 진리라고 생각하기 때문에 논쟁도 발생한다. 이때, 굳이 내 의견을 고집할 필요 없다. 누가 이해당하고 싶어 하겠는가. 어릴 때는 내 말이 맞는다는 사실을 강하게 어필했다. 하지만 어떤 사건을 계기로 바뀌었다. 한 번은 친구 커플과 저녁을 먹은 적이 있다. 강이 보이는 나무 테이블에 앉아 직원들이 세팅해 놓은 음식을 먹고 있었다. 요새는 서비스가 좋아서 고기를 직접 굽지 않는다. 다 구워서 가져다준다. 분위기가 좋아서일까. 술기운 때문일까. 함께하는 사람이 잘 맞아서일까. 자꾸 웃음이 나온다. 여러 이야기가 오고 갔다. 그러다 친구 P가 허리를 다친 일화가 주제가 되었다. P는 여자 친구 고양이의 화장실을 옮기다가 허리가 삐끗했다고 말하며 그 무게가 20kg은 된다고 말했다. 옆에 앉아 있던 그의 여자 친구는 말한다.

"무슨 소리야. 내가 더 잘 알지. 그거 10kg도 안 돼."

그가 빠르게 반론했다.

"내가 매일 쇠질(헬스) 하는데 이거 20kg 맞아."

그렇게 둘의 논쟁이 길어지나 싶었는데 금방 끝이 났다. P가 여자 친구의 의견이 맞다고 해 줬기 때문이다. 그 모습이 멋있었다. 연인끼리 싸우는 일 중 대부분은 지나고 보면 사소한 일이다. 하지만 그것이 자존심 싸움으로 번져서 이별하기도 한다. 친구 커플이 7년 동안 만난 비밀을 알 것 같다.

다른 사람이 부럽거나 멋있다고 생각되는 이유 중 하나는 내 내면에 그 사람과 같이 되고 싶은 욕망이 있기 때문이라고 한다. 가령 나는 노래를 잘하는 사람은 부럽다 하지만 농구를 잘하는 사람은 부럽지 않다. 농구는 관심이 없기 때문이다. 중요하지 않은 것을 유연하게 넘기는 P를 보고 나서 나도 중요하지 않은 일에 열을 내며 우기지 않기로 마음을 먹었다. 남에게 내 착각을 강요하지 않아야겠다.

충주 시외버스터미널 근처에 있는 맥도날드 DT에서 햄버거를 산 적이 있다. 1955버거 세트와 슈비버거 세트를 주문했다. 주문을 받은 맥도날드 직원은 계산하면서 말한다.

"1955버거 세트랑 슈슈버거 세트 맞으시죠?"

그러자 여자 친구가 말한다.

"슈비버거예요."

직원은 인상을 쓰더니, "그니까 1955버거 세트랑 슈!비!버거 세트요."

나는 말했다.

"슈슈버거라고 하셨어요."

주문을 받는 여자 직원은 화를 낸다.

"슈비버거라고 했어요."

어이없었다. 하지만 반론하지 않았다. 화를 낼 만큼 그렇게 중요한 문제는 아니었다.

이렇듯 살다 보면 여러 오해와 착각이 생긴다. 그럴 때마다 굳이 감정 낭비를 할 필요가 있겠는가. 스트레스는 온전히 내게 다시 돌아온다. 여러분도 유연하게 넘길 줄 아는 여유를 가지고 살았으면 좋겠다.

8

10월에 피는 벚꽃

3월이 되면 급격하게 늘어나는 검색 키워드가 있다. 벚꽃과 관련된 키워드다. 벚꽃 명소, 벚꽃 드라이브, 벚꽃 구경, 벚꽃 개화 시기다. 벚꽃은 봄의 시작을 알리는 꽃이라고 할 수 있다. 하지만 간혹 10월에 피는 벚꽃이 있다. 전문가들에 따르면 벚꽃이 가을에 피는 이유는 계절을 착각해서라고 한다. 여름에 자주 발생하는 태풍을 겨울의 찬 바람이라고 착각하고 가을의 햇살을 봄의 따뜻함이라고 착각해서 핀다고 한다. 만약 벚꽃이 사람처럼 생각할 수 있다면 10월에 피고 나서 무슨 생각을 할까.

'지금 필 시기가 아닌데 잘못 피었다.'

'왜 이렇게 추운 거지.'

'주변에 친구들은 아직 자나.'

'큰일 났다.'

이 정도이지 않을까.

3월에 핀 꽃도 벚꽃이고 10월에 핀 꽃도 벚꽃이다. 우리는 늦게 핀 벚꽃을 보고 욕하지 않는다. 그저 신기하게 바라볼 뿐이다. 오히려 봄에 피는 벚꽃보다 가을에 피는 벚꽃의 가치를 높게 평가할 것이다. 중요한 것은 꽃은 언젠가 핀다는 것이다.

내가 좋아하는 리쌍의 노래에는 이런 가사가 있다.

"내가 벌써 얘기했잖아. 오르락내리락 삶은 희로애락 모든 게 다 엎치락뒤치락."

안 좋은 일이 있으면 좋은 일도 있는 법이다. 따라서 지금 힘들다면 앞으로 좋은 일이 생긴다고 여겨도 좋다. 난 내게 힘든 일이 닥칠 때마다 늘 그렇게 생각해 왔고, 누군가 힘들어할 때도 같은 이야기를 해 주었다. 안 좋은 일과 좋은 일은 다른 범주에 존재하지 않는다. 모든 재산을 다 잃고 신용불량자나 파산자가 성공한 이야기를 자주 접하곤 한다. 그들은 하나같이 이야기한다. 실패가 있었기에 이 자리에 있을 수 있다고 말이다. 벚꽃이 언젠가 피듯 나도 멋지게 피어날 그날을 준비하며 살아간다.

가끔 두려울 때가 있다. 잘살고 있는가? 이대로 살아도 괜찮은가? 이게 맞는 길일까? 내년에는 어떤 일을 해야 하나? 글도 쓰고 강의도 듣고 운동도 하며 일도 한다. 하지만 불안하다. 변해야 할 것 같다. 이런 생각이 드는 이유는 아마도 불확실성 때문일 것이다. 이미 태어났고 죽을 수 없으니 멋지게 살아 봐야 하지 않겠는가. 'NO PAIN, NO GAIN'이란 말처럼 잘 살고 싶다면 현재가 고통스러워야 할까. 성공은 노력해야 얻을 수 있지만, 실패는 노력하지 않아도 자연스럽게 찾아온다.

우리는 인생을 긴 선에 빗대곤 한다. 내가 느끼고 있는 이 불안감은 작은 점이다. 지나간다. 하지만 중요한 건 안일하게 생각하지 않아야 한다는 점이다. 아인슈타인은 말했다.

"어제와 똑같이 살면서 다른 미래를 기대하는 것은 정신병 초기 증세다."

어제와 다른 오늘을 살아야지 다짐하지만, 이상하게도 어제와 같은 삶을 오늘도 살아간다. 다람쥐 쳇바퀴 돌 듯 말이다.

사람은 대부분 편하고 쉬운 걸 원한다. '꿀 보직', '꿀 빤다.' 같은 말은 쉬운 일만 하는 사람이 부럽다는 심리에서 생긴 말이다. 세상은 조금 더 쉽고 편안하게 바뀌고 있다. 가령 예전에 피시방에 가서 음식을 먹으려면 직접 라면을 끓여서 자리로 가지고 와야 했다. 하지만 지금은 컴퓨터 앞에서 버튼 하나만 누르면 음식을 가져다주고 다 먹으면 치워 주기까지 한다. 은행에서 대기표를 받고 기다릴 필요도 없고 마트를 직접 갈 필요도 없다. 심지어 병원마저도 비대면 진료가 생겼다. 부자가 되는 법은 어렵고 시대에 따라 변하지만 절대 변하지 않는 본질을 가지고 있다. 그것은 바로 사람들을 편안하게 해 주면 더 많이 벌 수 있다는 사실이다.

요새는 돈을 많이 벌고 싶다는 생각을 자주 한다. 그러면서 살면서 불편한 점이 무엇이 있었는가를 떠올려 보았다. 엄마 심부름으로 마트에 가는 일, 택배를 부치러 먼 우체국까지 가는 일, 시간은 없고 몸은 아픈데 병원에 가서 대기 환자들이 많아 시간을 많이 허비했던 일 등이 있다. 하지만 이러한 불편함을 이제는 겪지 않아도 된다. 온라인 마트가 성행하면서 쿠팡은 우리나라 식자재 탑2였던 이마트와 롯데마트의 매출을 훨씬 능가했는가 하면 CU 편의점 택배가 나와 집 앞 편의점에서 전국 어디로든 택배를 보낼 수 있게 되었다. 코로나 이후 비대면 진료가 생기면서 운전하면서도 의사에게 진단받고 약을 받을 수 있는 세상이 되었고 돈 벌 기회가 세상 곳곳에 있다.

하지만 아는 것과 행동하는 것은 다르다. 현실은 마음 가는 대로 편하게 있고 싶다. 예를 들면 드러누워 있기, 남은 일은 내일의 나에게 맡기기, '어떻게든 되겠지'라는 생각이 있다. 지금의 삶이 불만족스럽다. 바꿔야겠다. 미루지 말아야겠다. 결심한다. 지금 무엇인가를 하더라도 내일과 오늘이 별반 다를 게 없다. 하지만, 점이 모여 선이 되고 그것이 인생이 된다. 오늘 하지 않는다면 점은 찍히지 않는다. 우리는 태어났고 살아가고 죽어 간다. 누구나 다 아는 사실이다. 잘 먹고, 잘 자고, 잘 배출하는 일 중요하다. 그것만으로도 젊은 시절 그럭저럭 살아갈 수는 있다. 하지만 인간은 다른 이에게 잘 보이고 싶은 욕구가 있다. 그래서 발전하고 싶고 잘 해내고 싶고 자랑하고 싶고 인정받고 싶어 하는 것이다.

　편안하고 쉬운 것. 발전하고 잘 보이고 싶은 것. 이 두 가지 선택지 중 대부분의 사람은 편안하고 쉬운 것을 선택한다. 나 역시 그랬다. 그러고는 발전하는 사람들을 동경하고 부러워한다. 성공은 노력해야 찾아온다. 하지만 실패는 노력하지 않아도 자연스럽게 찾아온다. 우리는 선택해야 하고 결과를 받아들여야 한다. 바뀌고 싶다는 생각이 들었다. 당장 시작해야겠다. 변하고 싶은 욕망, 실행하는 능력 두 가지를 갖춘다면 내 안에 있는 몽우리도 벚꽃처럼 피어나지 않겠는가. 켄터키 할아버지처럼 비록 그 시기가 늦을지라도 말이다. 이 글을 끝까지 읽어 준 여러분의 화려한 개화를 기대하며 글을 마친다.

마치는 글

평범하게 행복한 것이 제일입니다

대학생 시절, 멘토였던 교수님이 있다. 지금은 한성대학교에 계신 권상집 교수님이다. 졸업한 지 몇 년이 흘렀지만 지금도 교수님 생신 때와 스승의 날에는 연락을 드린다. 한 번은, 침대에 누워서 핸드폰을 보고 있는데 교수님께 카톡이 왔다. 간략하게 내용을 요약하자면, 수업 시간에 어렵게 손석희 앵커를 모셨는데 그 자리에 나도 초대하고 싶다는 내용이었다. 저녁을 먹어서 그런지 졸고 있었는데 잠이 확 깼다.

3년 만에 뵙는 교수님, 그리운 대학교 강의실, 유명인 손석희 앵커.

교수님이 인정하는 제자 중 한 명이라는 사실도 기뻤다. 하지만 문제가 있다. 다 그렇듯 평일은 일하는 시간이다. 난 체육 수업을 진행하기 때문에 수업 날짜를 변경하기 위해서는 원장, 주임 그리고 학부모들의 동의가 필요했다.

밤 10시 늦은 시간이었지만, 주임 선생님께 카톡을 드렸다. 원장님과 상의해 보고 알려 준다고 했다. 다음 날, 화요일 수업을 하고 있는데 주임 선생님이 불렀다.

"체육 선생님, 정말 다행히도 원장님이 다른 날짜에 체육 하시는 거 오케이 하셨어요."

그날, 최고의 텐션으로 아이들과 수업을 했다. 시간은 빠르게 흘러, 2023년 11월 28일이 되었다. 아침에 어린이집 수업을 마치고 집에 돌아와 옷을 갈아입었다. 체육복으로 갈 수 없기 때문이다. 좋아하는 여자를 처음 만날 때처럼 몇 번이나 옷을 갈아입었다. 신림에서 한성대학교까지는 1시간이 걸리기 때문에 밥 먹을 시간도 빠듯했다. 전자레인지에 도시락을 돌려서 차에 가지고 왔다.

오늘은 일반적인 강의가 아니라 대담 형식으로 진행되는 강의라 앉아 있는 청중의 수업 참여도도 중요했다. 한성대학교로 가면서 최근 사회 이슈를 다룬 유튜브를 보았다. 밥을 먹는 건지, 공부하는 건지 통 집중이 되지 않았다. 시작 5분 전에 강의장에 도착했다. 강의실 문을 열자 교수님이 반겨 주었고, 빈자리를 찾아가고 있는데 나를 부르는 소리가 들렸다.

"어! 석부 형?"

대학교 동기 K였다. 잠깐 이야기를 나눠 보니 동기 친구도 교수님과 연락하며 잘 지내고 있다고 했다. 잠시 후, 강의가 시작됐다. 무엇이든 시작이 어려운 법이다. 손석희 앵커가 "어떤 주제로 이야기해 볼까요?" 하고 질문하자 손을 드는 사람이 나와 맨 앞줄에 앉은 학부생처럼 보이는 여학생 둘뿐이었다. 많은 이야기가 오고 갔다. 내가 손석희 앵커와 나눈 이야기 중 감명 깊었던 두 가지였다.

첫 번째는 선택이라는 키워드다. 오늘 무엇을 먹을까. 오늘 어떤 영상을 볼까. 주말에는 어디를 갈까 우리는 늘 선택을 한다. 일상적인 선택도 있는가 하면 인생의 기로에 있는 중요한 선택도 존재한다. 가령 사업가는 위험을 감수하고서라도 사업을 확장시켜야 하는가. 근로자는 맞지 않는 회사를 계속 다니는 것이 맞는가 하는 등이 있다. 손석희 앵커는 말했다.

"선택을 고민할 때는 좋은 것과 나쁜 것 중 선택을 하지 않아요. 그러면 당연히 좋은 것을 선택할테니까요. 좋은 것과 좋은 것, 나쁜 것과 나쁜 것 중 하나를 선택해야 하죠. 그러면 어떤 선택이 좋은 걸까요?"

쉽게 대답할 수 없었다. 잠시 후 그가 말한다.

"중요한 것은 선택이 아니라 선택한 이후가 중요합니다. 그 선택이 옳은 것임을 증명하면 되니까요."

이분법적 사고가 당연한 나에게는 신선한 충격이었다. 여러분은 본인이 한 결정을 증명하기 위해서 열심히 살아 본 적 있는가. 나는 재수 때와 ROTC 시험을 준비할 때를 제외하고는 없던 것 같다. 결과론적으로 봤을 때 둘 다 성공했다고 보기는 어렵지만 느낀 것이 참 많았다. 수능에서 만족할 만큼 좋은 성적을 얻지는 못했어도, 1년 동안 기숙사에서 공부라는 것에 몰입할 수 있었다. 신입생 때는 동기들은 술 먹고 놀고 하지만, 나는 약한 체력을 극복하기 위해 새벽 훈련을 하며 체력 시험 200점 중 190점을 받을 수 있었다. 선택한 이후가 중요하다는 사실, 절대 잊지 말아야겠다.

두 번째 인상 깊었던 것은 "하나를 시키면 둘을 해라."라는 말이었다. 내 머리에 강하게 박힌 생각 중 하나는 '중간'만 하자다. 군 생활도 중간, 사회생활도 중간. 왜냐고 묻는다면 잘해 봐야 보상받는 게 없기 때문이다. 군 생활과 사회생활을 잘하면 일만 많아진다는 이야기도 많이 들었다. 앵커는 20대 시절, 취재차 광산에 간 적이 있다고 한다. 당시 카메라 감독은 나이가 좀 있었고 그 시절 카메라는 굉장히 무겁다고 했다. 젊었던 그는 자신과 관련 없는 카메라를 들고 다녔고, 그 덕분에 오프닝이 마음에 들지 않아 다시 찍자고 말해도 카메라 감독이 한 번도 짜증을 낸 적이 없다고 했다. 흔히 성공했다고 한 이들이 쓴 책을 보면 '기버', 즉 주는 사람이 되라고 한다. 손석희 앵커가 당시 성공한 사람은 아니었지만 기버의 삶을 살았기에 JTBC 사장직까지 할 수 있지 않았을까. 우리가 남들에게 무언가를 주는 일이 아까운 이유는 가지고 있는 자원이 한정적이기 때문이다. 가령, 돈이 10만 원 있는데 지하철 노숙자에게 만 원을 주라고 한다면 아깝다. 하지만 가지고 있는 재화를 무한정 만들 수 있다면 어떨까. 주는 것, 절대 아깝지 않을 것이다. 태양이 꽃에 햇빛을 주는 걸 아까워하지 않듯 말이다.

독자 여러분께 돈을 줄 수는 없겠지만, 내가 겪고 도움이 될 수 있을 것 같은 이야기를 책에 담아 보았다. 얻어 간 것이 있는가. 나는 우리가 잊고 지낸 귀한 가치가 많다는 사실을 알려 주고 싶었다. 여러분이 어떤 사람이든, 어떤 일을 하든, 나이가 몇 살이든 상관없다. 우리같이 평범한 사람이 더욱 행복해졌으면 좋겠다.